5 CONSEJOS PARA EMPEZAR

1) CÓMO RESOLVER LAS SOPA DE LETRAS

Los rompecabezas tienen un formato clásico:

- Las palabras se ocultan sin espacios ni guiones,...
- Orientación: Las palabras pueden escribirse hacia delante, hacia atrás, hacia arriba, hacia abajo o en diagonal (pueden estar invertidas).
- Las palabras pueden superponerse o cruzarse.

2) APRENDIZAJE ACTIVO

Junto a cada palabra hay un espacio para anotar la traducción. Para fomentar un aprendizaje activo, un **DICCIONARIO** al final de esta edición te permitirá comprobar y ampliar tus conocimientos. Busca y anota las traducciones, encuéntralas en el puzzle y añádelas a tu vocabulario!

3) MARCAR LAS PALABRAS

Puedes inventar tu propio sistema de marcado. ¿Quizás ya usas uno? También puedes, por ejemplo, marcar las palabras difíciles de encontrar con una cruz, las que te gustan con una estrella, las nuevas con un triángulo, las raras con un diamante, etc.

4) ESTRUCTURAR EL APRENDIZAJE

Esta edición ofrece un **CUADERNO DE NOTAS** muy práctico al final del libro. En vacaciones, de viaje o en casa, podrás organizar fácilmente tus nuevos conocimientos sin necesidad de un segundo cuaderno!

5) ¿HABÉIS TERMINADO TODAS LAS PARRILLAS?

En las últimas páginas de este libro, en la sección **DESAFÍO FINAL**, encontrarás un juego gratis!

¡Rápido y sencillo! Echa un vistazo a nuestra colección de libros de actividades para tu próximo momento de diversión y aprendizaje, ¡a sólo un clic de distancia!

Encuentre su próximo reto en:

BestActivityBooks.com/MiProximoLibro

En sus marcas, listos, ¡Ya!

¿Sabías que hay unas 7.000 lenguas diferentes en el mundo? Las palabras son preciosas.

Nos encantan los idiomas y hemos trabajado duro para crear libros de la más alta calidad para tí. ¿Nuestros ingredientes?

Una selección de temas adecuados para el aprendizaje, tres buenas porciones de entretenimiento, y luego añadimos una cucharada de palabras difíciles y una pizca de palabras raras. Los servimos con cariño y máxima diversión para que puedas resolver los mejores juegos de palabras y te diviertas aprendiendo!

Tu opinión es esencial. Puedes participar activamente en el éxito de este libro dejándonos un comentario. Nos encantaría saber qué es lo que más le ha gustado de esta edición.

Aquí hay un enlace rápido a tu página de pedidos:

BestBooksActivity.com/Opiniones50

Gracias por tu ayuda y diviértete!

Todo el equipo

1 - Agua

技狩戏针远陶狩潜波缝织益棒魔摄
针缝远暇艺游纫棒趣浪猎动艺淋雪
艺摄法阅戏读陶松纫缝远灌溉浴狩
拼画绘潜戏营篮魔舞动拼活陶摄猎
瓷园篮读球益品篮缝织陶品图缝潮
放霜缝拼针击纫画阅纫影画织魔湿
拳工球法乐阅足潜针术露雨益篮魔
乐松法跳棒钓读织钓潜绘瓷松技猎
魔远艺针球洪钓纫术拳织织足纫戏
球乐动间歇泉水动园篮汽拳游湿利
拼钓缝暇棒球击飓魔季蒸发河度篮
湖冰魔影拳法球击风风动游技棒摄
读益术球品远狩运法陶针球益钓篮
织舞工放球拳击河击绘能跳远狩阅
露活露海洋陶营图图鱼狩术园画绘

运河   洪水

淋浴   季风

蒸发   海洋

间歇泉   波浪

湿度   灌溉

飓风   蒸汽

潮湿

2 - Arqueología

法 画 潜 画 放 法 碎 片 评 影 舞 动 暇 针 术
跳 遗 趣 影 足 瓷 魔 鱼 估 对 象 骨 暇 缝 潜
技 迹 陶 技 瓷 图 足 工 墓 益 篮 头 潜 织 阅
趣 放 拼 跳 钓 分 读 篮 技 远 足 工 织 放 织
潜 影 读 工 远 图 析 时 代 术 读 球 图 乐
能 鱼 营 陶 神 营 法 术 后 裔 暇 潜 术 舞 球
游 魔 陶 器 秘 绘 远 品 放 针 乐 摄 狩 魔
未 舞 园 化 摄 戏 能 陶 活 放 织 文 明 棒
拼 知 猎 石 读 鱼 纫 研 鱼 击 瓷 篮 纫 能
技 艺 法 猎 鱼 品 动 究 活 乐 棒 绘 术 松 拳
摄 趣 球 术 篮 针 拼 员 影 术 篮 益 钓 篮 针
拼 寺 读 鱼 摄 教 猎 松 艺 园 阅 放 摄 利
摄 庙 鱼 缝 技 授 专 家 能 古 暇 术 拼 园 画
鱼 活 足 跳 舞 游 针 松 团 代 活 钓 画 远 棒
乐 击 织 远 跳 益 足 跳 队 瓷 远 露 营 足 陶

分析
古代
陶器
文明
后裔
未知
团队
时代
评估
专家

化石
碎片
骨头
研究员
神秘
对象
教授
遗迹
寺庙

3 - Granja #2

益 针 篮 跳 纫 舞 魔 羊 足 活 图 猎 瓷 玉 米
游 画 能 球 纫 品 果 园 图 读 跳 术 品 放 图
美 洲 驼 利 营 击 绘 鱼 营 拼 松 魔 拼 图 舞
鱼 技 食 远 艺 针 能 拳 游 图 狩 篮 跳 戏 趣
拳 魔 物 乐 活 绘 戏 品 暇 猎 艺 绘 缝 松 影
阅 远 放 球 蔬 艺 图 绘 远 足 摄 读 活 钓 小
暇 活 谷 仓 菜 动 工 缝 游 摄 工 艺 艺 鸭 麦
暇 瓷 利 露 松 益 跳 影 趣 营 远 绘 足 乐 大
动 动 摄 瓷 乐 品 露 戏 绘 露 拼 织 狩 活 放
法 品 暇 绘 跳 游 缝 放 乐 松 棒 艺 击 陶 篮
牛 球 灌 篮 拼 利 陶 放 图 暇 暇 拖 潜 陶 舞
风 奶 溉 画 足 猎 戏 营 品 草 甸 拉 牧 羊 人
能 车 工 球 农 技 活 艺 足 鱼 戏 机 拳 远 放
活 营 羊 肉 民 舞 影 艺 读 纫 动 拳 篮 水 活
技 拼 活 画 陶 露 钓 猎 鱼 织 物 纫 潜 果 瓷

农民
动物
大麦
食物
羊肉
水果
谷仓
果园
牛奶

美洲驼
玉米
风车
牧羊人
草甸
灌溉
拖拉机
小麦
蔬菜

4 - La Empresa

```
放 棒 摄 技 术 动 图 潜 棒 工 收 入 趣 鱼 戏
足 绘 戏 摄 舞 投 质 量 展 艺 业 利 益 图 能 纫
击 创 读 工 源 资 进 展 艺 绘 潜 狩 足 拳 放 狩
陶 瓷 意 专 业 的 新 创 足 绘 技 针 技 法 技 棒
园 益 能 乐 就 棒 游 松 放 棒 乐 动 拳 技 戏 戏
可 陶 乐 陶 放 棒 单 位 艺 工 资 活 魔 戏 瓷 瓷
能 绘 游 针 拳 动 狩 图 画 棒 园 法 狩 瓷 阅
性 钓 术 缝 鱼 暇 阅 球 缝 游 舞 游 篮 读 阅 营
拳 猎 狩 纫 工 绘 陶 乐 纫 技 阅 魔 篮 织 营 活
魔 风 趋 势 狩 阅 魔 潜 魔 活 狩 声 誉 放 活 鱼
摄 狩 险 放 潜 鱼 拼 瓷 趣 击 影 暇 拳 读 鱼 放
画 活 摄 露 击 法 潜 松 针 读 松 技 绘 利 放 摄
舞 拳 动 影 缝 绘 趣 品 读 画 产 商 业 艺 钓 织
术 决 拳 术 画 绘 趣 远 织 拳 击 球 品 击 利 拼
动 定 纫 篮 活 介 绍 舞 益 工 阅 棒 松 拼 织
```

质量
创意
决定
就业
工业
收入
创新的
投资
商业
可能性

介绍
产品
专业的
进展
资源
声誉
风险
工资
趋势
单位

5 - Aviones

纫	瓷	游	天	空	阅	活	园	魔	乐	画	针	织	阅	钓
瓷	钓	击	乐	魔	方	向	露	足	篮	戏	乘	舞	冒	棒
螺	足	阅	纫	潜	乐	技	远	船	摄	影	技	客	险	工
拳	旋	瓷	狩	画	营	拼	魔	员	园	绘	术	远	针	击
高	度	桨	远	足	织	艺	园	引	织	陶	魔	球	猎	狩
园	暇	法	潜	放	瓷	术	陶	擎	利	潜	膨	游	能	游
层	历	史	篮	氢	击	燃	图	益	潜	趣	胀	活	活	游
气	空	技	趣	飞	戏	料	足	跳	游	艺	读	导	航	影
大	球	动	读	行	潜	游	画	工	魔	画	益	潜	钓	动
潜	露	暇	舞	员	舞	足	缝	拼	法	鱼	狩	足	动	拼
棒	阅	猎	设	计	篮	摄	拳	图	猎	鱼	工	游	拼	利
绘	球	益	舞	活	缝	鱼	能	摄	缝	艺	潜	篮	足	露
营	松	足	趣	钓	湍	球	鱼	纫	品	魔	利	戏	远	摄
纫	狩	拳	法	拳	流	钓	降	落	松	陶	动	足	画	缝
技	戏	篮	钓	拳	拼	摄	乐	远	织	松	影	针	暇	园

空气
高度
降落
大气层
冒险
天空
燃料
方向
设计
气球

螺旋桨
历史
膨胀
引擎
导航
乘客
飞行员
船员
湍流

6 - Tipos de Cabello

游暇益画潜球园潜健康乐利画利读
乐术松影拳暇拳拼营鱼工潜益松篮
营营术辫子活戏针长猎利艺营跳读
卷曲纫潜远卷画黑色拳戏跳瓷工短
猎拼露放舞发读跳棕白鱼戏画绘艺
狩球画头皮绘画瓷戏鱼织影绘松松
艺拼读图品阅钓趣纫图猎技鱼陶阅
跳品能暇乐摄益陶放活猎品球术拼
松工游潜营营针绘瓷能园暇画金干
秃舞跳阅园动画露戏放露工发色阅
画潜编拼缝绘远松艺闪球银灰术鱼
绘游织动趣读乐放趣远亮陶能色画
园陶艺足技狩动陶艺足的软柔暇趣
织术远园潜读益戏拳品露活球园拳
活猎纫薄陶术阅利狩阅利击厚拳松

白色   卷发
闪亮的   金发
头皮   健康
灰色   柔软的
棕色   编织
黑色   辫子
卷曲

7 - Ética

摄能鱼篮钓园魔放术工工法同织篮
图艺严活针宽鱼益拳利放松工情影狩
哲瓷尊术远容缝球工摄钓理暇人性
能学敬魔阅狩猎松魔拳露性织纫
法跳的仁钓术营艺品跳瓷篮法
影跳趣利营活放术阅缝艺篮影
营击活击游跳画画图陶技工利
动狩棒露魔读绘园智慧绘魔舞品
纫潜针阅影摄跳品艺舞乐露乐击
远艺猎动工影外交正直义纫合棒
瓷露动足益乐利现实主义击
猎放图乐阅观放术诚人主钓
拼益能棒舞狩良艺耐心个他品织
摄阅艺品放善陶画鱼松利读针
趣趣术游合绘图拼鱼纫摄舞图

利他主义　　　　　个人主义
仁慈　　　　　　　正直
善良　　　　　　　乐观
同情　　　　　　　耐心
合作　　　　　　　理性
尊严　　　　　　　合现实主义
外交　　　　　　　尊敬的
哲学　　　　　　　智慧
诚实　　　　　　　宽容
人性

8 - Ciencia Ficción

放陶益乌潜趣游瓷活陶世绘跳狩画
戏活潜托爆拼术图动瓷技界戏魔足
工极端邦炸小说魔影魔猎钓园营神
陶画陶足足棒跳阅趣法阅纫球球秘
图读篮舞织针电影击球原子纫园球
乐法放魔魔图远棒园阅球趣园放潜
暇园织露纫法影舞暇摄火品放技甲
能舞瓷趣戏益狩技棒陶舞技露瓷骨
魔益击纫游阅针跳艺魔术露画人文
瓷园星系篮乐狩场未来派机露缝陶
虚狩行露乐舞摄景动园机器人缝击
画构击活缝能营魔游术趣影缝益鱼
远影的露画营错游书瓷乐缝工营
篮技跳营园术觉钓籍暇工克隆
陶术魔营画影鱼戏品益松游猎术潜

原子　　　　　　　书籍
电影　　　　　　　神秘
克隆　　　　　　　世界
场景　　　　　　　小说
爆炸　　　　　　　甲骨文
极端　　　　　　　行星
未来派　　　　　　机器人
星系　　　　　　　技术
错觉　　　　　　　乌托邦
虚构的

9 - Granja #1

击	益	篮	钓	乐	拼	阅	魔	图	动	绘	技	动	图	读
猎	营	趣	魔	工	游	猎	利	戏	摄	术	趣	棒	猎	缝
趣	针	技	露	干	草	农	业	放	画	益	蜜	趣	法	狩
拼	乐	放	足	织	能	营	钓	益	领	篮	跳	蜂	牛	魔
棒	益	肥	园	土	地	摄	动	乐	乐	域	松	活	纫	工
球	猎	料	陶	活	潜	篮	艺	击	益	瓷	艺	针	乐	趣
露	技	放	米	纫	利	织	织	摄	工	画	猎	蜂	蜜	读
品	法	缝	活	松	狩	术	魔	技	击	猎	能	营	园	游
击	松	猎	乌	鸦	放	栅	栏	潜	图	篮	潜	纫	棒	拳
影	足	拼	远	鱼	法	影	游	放	乐	品	益	足	缝	摄
山	工	技	营	针	球	放	陶	跳	暇	纫	放	纫	猎	动
羊	鱼	绘	潜	工	纫	放	魔	能	鸡	暇	读	能	小	猫
钓	缝	画	趣	缝	狗	足	露	击	利	绘	水	瓷	腿	球
足	潜	舞	魔	品	种	品	法	魔	阅	舞	钓	魔	营	跳
戏	绘	动	营	马	子	游	远	远	摄	拼	拳	法	绘	驴

蜜蜂
农业
山羊
领域
乌鸦
肥料

干草
蜂蜜
种子
小腿
土地
栅栏

10 - Camping

术	远	远	放	影	读	击	技	益	球	篮	艺	画	品	击
狩	技	营	利	营	击	益	暇	足	乐	猎	法	月	亮	篮
足	纫	露	松	术	放	纫	益	钓	乐	钓	影	戏	阅	潜
游	工	营	潜	缝	山	趣	绘	工	图	园	游	针	益	技
击	工	舞	舞	动	暇	影	能	品	游	技	狩	法	艺	舞
能	缝	缝	游	针	钓	钓	画	利	读	戏	纫	拼	狩	针
影	园	狩	影	鱼	暇	活	利	罗	鱼	冒	险	钓	狩	益
大	自	然	舱	拳	缝	品	益	盘	工	利	篮	能	法	暇
品	潜	影	读	绘	缝	织	灯	读	拼	拳	织	读	拼	魔
活	篮	棒	阅	技	狩	狩	笼	法	动	营	绳	子	帽	纫
独	木	舟	动	戏	松	鱼	猎	园	品	利	放	火	法	篮
设	备	工	工	物	猎	活	法	拳	舞	拳	法	绘	树	利
拳	钓	瓷	趣	利	吊	湖	跳	魔	舞	活	森	林	木	品
拳	工	球	缝	针	床	缝	绘	品	画	游	舞	拳	缝	绘
猎	地	图	乐	昆	虫	篮	狩	松	影	益	活	暇	拼	能

动**物**	设**备**	
冒险	**吊**床	
树**木**	**昆**虫	
森林	**灯**笼	
罗盘	月**亮**	
独木舟	地**图**	
狩猎	**大**自然	
绳子	**帽**子	

11 - Fruta

潜猎绘露图柠益魔木瓷芒营读绘能
暇缝远松戏檬露游术瓜益果浆利露
艺篮能纫击露摄纫读瓷露莘拳橙击
乐动乐篮益足图游猎读葡击香色放
梨鳄活阅活跳益杏猎缝萄摄蕉远猎
工技影绘露菠萝织球技放益能狩番
艺鱼利远益陶阅缝放跳术营拳远石
摄影园阅鱼油狩趣钓球缝远术园榴
猕猴桃舞狩桃画潜法棒趣画放松陶
拳阅术绘趣拳击法摄阅棒戏魔动品
暇阅球足乐活画缝暇利品跳远跳戏
松技能钓松绘魔陶画击技缝戏摄远
营覆营击狩利拳趣利艺营猎篮狩工
织放盆乐足戏篮营针戏鱼乐击影足
猎纫舞子椰桃樱游跳品足瓷舞击松

鳄梨　　　　　　芒果
浆果　　　　　　苹果
樱桃　　　　　　色橙
椰子　　　　　　油桃
覆盆子　　　　　木瓜
番石榴　　　　　菠萝
猕猴桃　　　　　香蕉
柠檬　　　　　　葡萄

12 - Geología

动	益	影	画	趣	营	露	露	画	鱼	益	拼	篮	法	乐
利	品	暇	篮	足	针	图	篮	高	魔	影	洞	针	拼	针
棒	棒	织	魔	营	舞	活	术	原	艺	绘	穴	暇	击	画
缝	鱼	能	鱼	品	篮	露	读	熔	钓	品	松	棒	魔	活
远	暇	瓷	拳	跳	利	珊	影	艺	岩	拼	松	篮	摄	读
魔	松	游	影	活	拳	瑚	松	拼	针	陶	游	益	法	影
阅	拼	阅	阅	影	画	酸	石	英	跳	层	拼	狩	露	影
戏	画	拳	乐	石	画	营	乳	远	摄	跳	法	击	击	画
松	拳	读	足	头	棒	猎	钟	技	法	趣	缝	球	织	击
营	园	动	法	技	间	歇	泉	猎	舞	活	阅	狩	技	动
棒	动	篮	能	足	陶	放	阅	艺	拳	拼	能	能	缝	水
矿	物	潜	舞	陶	趣	缝	露	艺	摄	潜	活	化	石	晶
绘	拼	图	画	大	陆	石	放	画	侵	露	盐	火	山	画
棒	园	活	足	棒	钙	笋	地	震	拼	蚀	园	图	品	松
技	瓷	趣	跳	拼	露	利	潜	篮	露	摄	缝	术	戏	动

洞穴	化石
大陆	间歇泉
珊瑚	熔岩
水晶	高原
石英	矿物
侵蚀	石头
钟乳石	地震
石笋	火山

13 - Álgebra

影 法 图 瓷 术 钓 零 图 钓 摄 戏 括 读 问 解
艺 矩 表 动 缝 阅 技 术 简 鱼 织 号 动 题 决
品 益 阵 陶 摄 篮 艺 营 利 化 艺 戏 画 足 远
缝 乐 鱼 球 潜 品 棒 舞 利 技 益 营 术 足 拳
方 程 公 式 影 图 球 跳 潜 园 和 图 画 魔 拳
品 读 艺 戏 因 陶 园 阅 狩 技 鱼 品 针 球 术
陶 摄 纫 放 素 影 趣 魔 营 纫 减 法 瓷 纫 织
猎 狩 狩 动 陶 数 指 露 读 击 技 针 读 分 篮
园 法 阅 图 露 量 瓷 缝 艺 松 露 瓷 猎 暇 数
篮 拳 术 针 瓷 球 动 暇 乐 球 足 活 纫 艺 瓷
读 拳 露 乐 能 棒 针 陶 拳 纫 活 阅 远 拼 图
足 游 击 法 品 瓷 术 线 性 法 阅 法 图 针 图
解 决 方 案 影 变 狩 图 钓 拳 拼 利 纫 潜 无
织 绘 摄 暇 能 量 篮 乐 陶 舞 阅 技 篮 画 限
陶 动 游 潜 潜 术 益 远 瓷 艺 针 放 暇 画 瓷

数量
图表
方程
指数
因素
公式
分数
无限
线性

矩阵
括号
问题
解决
减法
简化
解决方案
变量

14 - Plantas

趣	术	绘	树	图	游	趣	棒	被	植	趣	园	露	技	游
花	球	益	跳	叶	利	灌	木	跳	物	植	狩	拳	竹	子
阅	瓣	放	乐	狩	露	魔	魔	图	学	拳	绘	利	摄	魔
艺	品	艺	拳	技	乐	松	针	草	击	法	技	松	鱼	图
游	缝	工	花	球	拳	影	读	暇	品	动	暇	魔	跳	松
拳	拳	陶	园	棒	织	浆	园	瓷	读	游	鱼	画	画	摄
魔	读	舞	缝	影	缝	果	技	钓	球	纫	乐	针	潜	松
拼	活	工	织	远	益	活	暇	活	益	篮	园	仙	人	掌
篮	画	绘	魔	棒	远	狩	活	钓	豆	松	击	鱼	棒	阅
足	绘	露	工	织	益	织	法	针	阅	艺	松	鱼	艺	摄
活	阅	松	能	戏	能	鱼	图	猎	篮	园	陶	击	绘	球
露	术	摄	乐	陶	针	针	棒	击	魔	技	利	工	技	狩
瓷	营	钓	利	舞	露	跳	猎	摄	能	陶	能	肥	料	拼
跳	艺	足	暇	潜	绘	跳	拼	森	林	游	根	跳	乐	露
画	技	常	春	藤	缝	足	织	针	树	工	术	动	苔	藓

灌木   植物
竹子   树叶
浆果   常春藤
森林   花园
植物学   苔藓
仙人掌   花瓣
肥料   植被

15 - Suministros de Arte

针	猎	丙	拼	暇	创	篮	针	钓	纸	拳	想	法	阅	园
缝	拼	击	烯	艺	造	拼	足	活	趣	画	拼	戏	读	放
工	远	远	水	酸	力	露	棒	活	黏	架	趣	舞	园	陶
利	读	阅	乐	营	纤	粉	彩	水	土	乐	松	工	放	趣
艺	球	营	胶	水	颜	维	利	魔	狩	技	能	园	钓	园
摄	法	阅	游	远	色	品	棒	绘	舞	戏	照	暇	活	阅
鱼	钓	针	动	游	狩	术	绘	法	陶	摄	相	舞	游	球
法	法	桌	跳	纫	棒	陶	松	纫	舞	活	机	狩	放	织
棒	画	绘	子	足	拼	橡	球	足	品	游	篮	纫	画	拳
狩	放	营	针	刷	瓷	皮	露	营	鱼	足	动	动	暇	摄
球	篮	针	动	益	趣	法	球	潜	漆	油	击	潜	读	篮
园	球	放	游	影	狩	钓	拳	读	动	放	放	棒	远	拼
舞	法	绘	魔	术	营	潜	益	读	钓	暇	艺	露	动	狩
松	营	阅	跳	放	品	椅	魔	陶	利	趣	鱼	乐	跳	墨
球	铅	笔	图	游	绘	子	远	能	图	针	益	织	术	水

丙烯酸纤维　　　　　想法
水彩　　　　　　　　铅笔
黏土　　　　　　　　桌子
橡皮　　　　　　　　粉彩
画架　　　　　　　　胶水
照相机　　　　　　　油漆
刷子　　　　　　　　椅子
颜色　　　　　　　　墨水
创造力

16 - Negocio

跳 拳 鱼 拼 法 暇 瓷 暇 能 绘 园 拳 织 益 法
戏 活 影 棒 缝 狩 营 鱼 拳 潜 绘 益 公 游 球
拼 跳 预 算 投 雇 陶 绘 鱼 益 品 乐 司 跳 魔
益 阅 潜 篮 资 主 术 狩 狩 篮 园 技 动 术
职 业 生 涯 拳 球 击 交 易 工 成 图 园 拼 潜
露 品 商 店 技 摄 品 狩 钓 猎 本 舞 活 狩 趣
纫 瓷 织 营 猎 艺 猎 摄 影 读 魔 击 货 陶 趣
园 工 乐 经 济 学 戏 戏 暇 园 法 法 币 狩 钱
棒 利 放 魔 工 潜 影 篮 篮 品 舞 松 暇 能 摄
潜 园 阅 营 鱼 绘 能 暇 魔 露 陶 放 球 阅 棒
足 戏 摄 陶 跳 击 猎 术 针 乐 工 画 销 售 动
篮 益 绘 趣 缝 阅 园 猎 影 作 织 游 技 动 球
折 钓 织 露 钓 图 钓 税 员 工 露 技 篮 品 猎
趣 扣 影 摄 工 益 游 益 瓷 击 技 画 营 暇 针
办 公 室 拳 厂 舞 猎 图 读 纫 园 游 品 金 融

职业生涯	投资
成本	商品
折扣	货币
经济学	办公室
员工	预算
雇主	商店
公司	工作
工厂	交易
金融	销售

17 - Jardín

缝 摄 蹦 床 吊 画 球 拼 活 术 纫 门 远 工 拼
法 树 平 台 画 篮 舞 趣 阅 车 库 钓 廊 拳 远
工 远 陶 露 园 利 影 耙 营 术 跳 艺 活 影 摄
乐 品 击 针 图 针 纫 足 放 法 纫 击 营 瓷 画
花 园 舞 魔 球 拼 足 露 织 魔 魔 摄 游 坪 猎
纫 拳 艺 潜 趣 篮 击 戏 露 拼 鱼 法 果 园 草
暇 法 缝 画 画 鱼 远 足 魔 暇 趣 图 钓 远 鱼
绘 艺 拼 织 术 益 营 潜 利 影 法 艺 露 陶 纫
法 法 鱼 狩 跳 纫 游 棒 篮 鱼 游 球 术 园 戏
针 放 园 拼 益 工 猎 舞 猎 陶 利 法 狩 击 动
陶 戏 游 灌 图 击 瓷 岩 石 栅 池 塘 软 管 益
术 艺 益 木 游 游 土 壤 读 栏 舞 摄 法 舞 图
瓷 艺 缝 技 狩 拼 拼 铲 艺 远 术 杂 游 松 戏
棒 篮 棒 品 潜 趣 品 远 跳 动 棒 草 品 钓 艺
术 趣 活 缝 画 舞 技 游 纫 鱼 鱼 球 摄 活 技

灌木
草坪
池塘
车库
吊床
果园
花园
杂草

软管
门廊
岩石
土壤
平台
蹦床
栅栏

18 - Países #2

图	能	狩	纫	法	篮	利	拳	园	放	活	棒	动	阿	绘
远	术	工	摄	纫	球	游	游	苏	跳	能	活	棒	尔	俄
能	拼	趣	益	拼	鱼	篮	图	术	丹	奥	阅	利	巴	罗
日	放	足	工	缝	读	阅	远	棒	拼	地	放	暇	尼	斯
艺	本	球	营	暇	足	读	放	利	拼	利	魔	缝	亚	丹
趣	陶	爱	尔	兰	放	园	术	乌	营	松	击	远	拼	麦
乐	织	猎	鱼	图	工	绘	画	克	术	击	足	艺	足	法
埃	塞	俄	比	亚	读	狩	品	兰	球	舞	拳	织	露	棒
击	图	动	露	益	能	鱼	瓷	阅	利	技	法	益	牙	拼
鱼	趣	影	哥	舞	能	缝	绘	益	魔	放	乌	钓	买	画
印	度	尼	西	亚	希	葡	萄	牙	老	挝	干	暇	加	球
能	松	猎	墨	舞	腊	画	巴	摄	益	绘	达	趣	陶	工
叙	读	法	国	乐	能	趣	基	读	魔	潜	戏	图	篮	鱼
摄	利	放	影	游	远	法	斯	跳	游	纫	能	足	足	游
拳	活	亚	利	大	澳	影	坦	击	能	鱼	图	活	魔	陶

阿尔巴尼亚	日本
澳大利亚	老挝
奥地利	墨西哥
丹麦	巴基斯坦
埃塞俄比亚	葡萄牙
法国	俄罗斯
希腊	叙利亚
印度尼西亚	苏丹
爱尔兰	乌克兰
牙买加	乌干达

19 - Tecnología

缝	读	拼	跳	读	潜	画	统	电	脑	照	营	游	钓	陶
阅	击	击	针	摄	拼	陶	利	计	术	相	能	鱼	鱼	针
画	博	利	篮	工	读	舞	棒	节	数	机	阅	工	足	魔
瓷	棒	客	狩	瓷	舞	乐	钓	字	体	据	读	益	游	缝
利	针	术	互	软	信	息	阅	缝	法	数	潜	影	纫	法
织	舞	影	联	件	园	营	光	益	远	营	足	狩	摄	乐
针	文	件	网	足	图	园	标	击	跳	鱼	乐	法	技	跳
缝	活	织	鱼	动	益	虚	安	全	病	毒	足	阅	法	法
击	乐	拼	松	纫	工	跳	拟	棒	拼	营	棒	跳	缝	活
屏	幕	法	活	织	画	缝	狩	品	活	数	字	趣	动	纫
研	究	园	影	品	园	乐	活	拼	营	陶	织	读	动	法
品	营	露	放	能	放	园	影	舞	针	读	活	拳	松	球
艺	浏	览	器	狩	击	击	趣	拳	魔	法	活	画	动	营
舞	工	阅	绘	纫	击	拳	利	读	远	益	艺	球	读	舞
陶	艺	针	园	图	鱼	放	球	阅	魔	放	猎	摄	拼	法

文件	研究
博客	信息
字节	浏览器
照相机	电脑
光标	屏幕
数据	安全
数字	软件
统计数据	虚拟
字体	病毒
互联网	

20 - Números

绘读影陶足放足读鱼术摄棒远潜营
钓绘松趣戏足拳针绘舞缝舞乐影魔
放绘陶利猎针放针动趣缝露艺钓动
艺篮篮球阅舞技活暇戏摄游露棒绘
绘读瓷五读瓷露纫篮摄影暇瓷放潜
魔制进十六园缝钓法营术戏读三棒
园球绘二摄工纫跳图画二织瓷十营
篮益瓷击远活足戏钓六十瓷陶活击
潜缝露法技拼鱼潜九十舞益舞魔钓
缝缝益缝绘游棒针狩狩瓷画读术拳
益拼舞纫法影艺活工品十八十放缝
能营阅潜球针瓷舞绘术针画技七四
工法影益零拳击陶纫园绘十四绘钓
猎潜影趣缝园乐纫织动八狩趣狩舞
瓷乐拼猎画钓乐潜猎陶法画品跳趣

十四
十进制
十九
十八
十六

十七
十二
十五
十三
二十

21 - Física

球	钓	舞	图	公	活	术	益	暇	鱼	绘	读	电	猎	频
露	气	质	量	式	引	瓷	趣	钓	织	术	阅	子	原	率
暇	拳	体	核	工	擎	远	营	球	松	艺	活	分	纫	益
粒	子	瓷	放	动	技	织	放	缝	图	工	品	影	篮	营
艺	跳	拳	陶	放	重	摄	园	钓	工	潜	球	棒	缝	球
工	松	鱼	阅	利	力	图	纫	针	击	狩	钓	乐	混	球
磁	益	松	放	法	术	动	营	品	术	击	图	利	密	乱
利	性	化	学	的	暇	舞	击	放	篮	图	技	度	趣	
篮	棒	针	力	遍	跳	钓	鱼	瓷	钓	画	能	瓷	速	图
棒	针	狩	织	普	相	露	术	阅	读	游	纫	能	园	活
舞	摄	织	钓	鱼	对	拳	营	松	能	能	营	加	图	
缝	技	织	趣	猎	论	技	戏	读	摄	放	影	戏	速	营
露	击	瓷	猎	瓷	远	艺	跳	动	趣	钓	活	远	度	绘
品	影	工	影	魔	猎	足	陶	棒	游	乐	利	读	活	戏
影	能	术	篮	品	鱼	击	击	狩	读	法	篮	暇	放	品

加速度	质量
原子	力学
混乱	分子
密度	引擎
电子	粒子
公式	化学的
频率	相对论
气体	普遍的
重力	速度
磁性	

22 - Belleza

读	趣	营	工	露	工	镜	品	远	趣	织	纫	缝	活	化
能	篮	戏	读	工	游	子	狩	园	球	跳	品	工	上	妆
洗	发	水	颜	影	击	活	松	动	剪	刀	织	暇	镜	品
瓷	放	园	织	色	缝	活	放	钓	织	乐	舞	动	魔	产
能	图	瓷	猎	远	陶	鱼	优	雅	足	技	远	纫	针	球
潜	针	品	艺	油	画	乐	口	活	园	图	鱼	法	针	暇
阅	狩	露	棒	拼	图	品	拼	红	香	味	戏	球	术	乐
卷	皮	针	拳	舞	艺	戏	益	魔	动	棒	活	园	露	远
发	肤	营	摄	活	跳	品	针	画	篮	技	狩	棒	园	篮
趣	瓷	游	钓	阅	绘	园	法	瓷	拼	缝	品	猎	技	动
益	魅	力	服	影	阅	营	潜	绘	摄	瓷	品	暇	瓷	针
戏	图	乐	务	摄	光	园	能	足	松	猎	放	趣	园	松
放	纫	击	球	舞	动	滑	松	乐	睫	造	绘	魔	舞	拼
技	园	狩	营	化	活	瓷	放	摄	毛	型	陶	活	技	织
陶	暇	园	动	妆	露	乐	图	击	膏	师	利	戏	钓	放

洗发水	化妆
颜色	皮肤
化妆品	口红
优雅	产品
魅力	卷发
镜子	睫毛膏
造型师	服务
上镜	光滑
香味	剪刀

23 - Países #1

```
加 工 马 乐 意 瓷 舞 法 牙 乐 利 厄 瓜 多 尔
艺 拿 织 里 大 术 拼 巴 班 绘 比 魔 狩 工 放
阅 益 大 织 利 法 埃 及 西 德 亚 巴 猎 技 球
品 读 读 乐 足 击 菲 律 宾 国 击 拿 击 印 度
园 松 比 利 时 挪 威 钓 拳 潜 影 马 拼 暇 篮
猎 猎 篮 狩 织 足 魔 舞 幼 松 陶 狩 趣 缝 足
放 舞 针 狩 织 球 游 阿 品 魔 球 洪 足 松 戏
益 工 工 露 拳 法 工 根 活 绘 都 阅 狩 狩 钓
益 法 跳 棒 影 拼 潜 廷 术 舞 缝 拉 品 戏 活
动 尼 加 拉 瓜 舞 益 织 瓷 摄 斯 钓 松 图 影
乐 露 利 瓷 趣 足 能 拼 读 潜 鱼 织 读 击 影
戏 图 缝 利 委 内 瑞 拉 钓 足 击 放 拳 暇 活
纫 织 营 摄 缝 活 拼 能 画 技 跳 绘 远 法 足
瓷 益 园 松 画 猎 钓 纫 品 利 纫 纫 法 远 拼
园 织 影 乐 波 兰 法 摩 洛 哥 猎 摄 工 舞 鱼
```

德国	印度
阿根廷	意大利
比利时	利比亚
巴西	马里
加拿大	摩洛哥
厄瓜多尔	尼加拉瓜
埃及	挪威
西班牙	巴拿马
菲律宾	波兰
洪都拉斯	委内瑞拉

24 - Mitología

行 利 信 活 松 营 工 戏 拳 棒 魔 篮 戏 图 潜
鱼 为 能 仰 力 量 足 读 跳 篮 击 鱼 拳 图
影 猎 影 暇 迷 宫 鱼 绘 图 足 织 复 仇 纫 艺
能 戏 魔 球 潜 远 舞 击 暇 文 化 放 狩 潜 针
暇 营 潜 陶 鱼 鱼 针 凡 人 创 造 艺 营 陶 针
读 拼 针 嫉 战 士 乐 击 鱼 不 篮 舞 跳 陶 潜
露 怪 物 妒 钓 游 魔 影 松 朽 游 针 拳 鱼 利
灾 品 生 活 跳 画 摄 原 型 瓷 舞 足 活 松 舞
露 难 闪 跳 远 术 画 活 钓 纫 艺 纫 狩 暇 动
传 放 电 技 读 趣 图 棒 影 艺 舞 远 针 针 针
说 猎 拼 技 潜 技 陶 钓 技 品 陶 跳 放 跳 鱼
钓 天 堂 工 摄 纫 法 品 雷 画 放 狩 画 拼
瓷 品 营 能 能 利 工 乐 画 潜 品 潜 游 鱼
跳 画 放 绘 技 趣 猎 活 瓷 读 英 雄 拼 篮
戏 摄 球 针 益 品 击 营 松 远 钓 足 远 营 乐

原型
嫉妒
天堂
行为
创造
信仰
生物
文化
灾难
力量

战士
英雄
不朽
迷宫
传说
怪物
凡人
闪电
复仇

25 - Casa

灯	足	暇	图	魔	益	技	图	棒	利	陶	舞	术	棒	术
拳	益	戏	园	地	鱼	鱼	壁	书	放	棒	拼	魔	益	营
拼	纫	摄	园	拳	板	纫	炉	动	馆	园	露	阅	读	花
潜	放	游	击	瓷	摄	读	帚	读	针	法	潜	动	园	园
营	影	图	球	舞	图	扫	车	淋	浴	潜	鱼	针	松	
地	动	戏	瓷	工	利	技	画	库	技	钓	阅	戏	绘	镜
下	击	游	乐	戏	篮	拳	阅	乐	厨	足	游	影	游	子
室	术	舞	足	利	技	动	放	读	房	园	魔	拳	龙	纫
暇	摄	艺	棒	术	暇	屋	园	放	魔	乐	利	头	戏	
篮	放	露	绘	技	益	顶	放	图	鱼	跳	暇	品	窗	
潜	跳	拳	画	鱼	织	远	纫	远	缝	技	放	能	户	
击	园	法	狩	画	篮	瓷	球	戏	图	跳	阁	陶	舞	
工	乐	足	拳	画	卧	阅	魔	瓷	远	品	游	品	楼	陶
暇	墙	瓷	利	利	室	读	营	画	缝	猎	远	棒	地	乐
栅	栏	绘	露	鱼	球	读	鱼	狩	门	放	猎	瓷	图	毯	品

地毯
阁楼
图书馆
壁炉
厨房
卧室
淋浴
扫帚
镜子

车库
龙头
花园
地板
地下室
屋顶
栅栏
窗户

26 - Artes Visuales

钓	图	猎	艺	术	家	创	魔	陶	技	舞	技	跳	缝	露
技	露	影	拼	艺	戏	造	足	松	跳	暇	缝	照	营	陶
棒	动	绘	猎	摄	动	力	木	炭	钓	击	影	棒	片	图
模	织	益	鱼	舞	陶	针	击	缝	陶	器	拳	拳	法	阅
织	具	跳	球	绘	足	画	趣	营	益	乐	铅	笔	电	影
园	乐	露	戏	纫	钓	品	画	陶	舞	艺	球	粉	舞	读
动	工	拼	读	法	活	瓷	艺	足	远	陶	跳	图	织	棒
猎	击	技	鱼	技	工	杰	乐	品	纫	乐	读	乐	猎	能
园	画	绘	潜	品	魔	作	钓	球	乐	绘	益	魔	艺	游
读	舞	影	绘	图	拼	阅	鱼	远	趣	狩	画	摄	利	击
能	陶	缝	狩	读	戏	动	松	法	舞	魔	架	击	拼	暇
露	戏	技	远	击	肖	足	雕	益	影	动	跳	拳	阅	艺
营	钓	棒	影	摄	像	陶	游	塑	粘	露	蜡	技	放	露
看	法	缝	能	钓	击	拼	利	动	土	阅	活	绘	舞	舞
露	技	露	建	筑	乐	露	法	鱼	营	摄	益	画	动	艺

粘土	铅笔
建筑	杰作
艺术家	电影
画架	看法
木炭	绘画
陶器	模具
创造力	肖像
雕塑	粉笔
照片	

拳	品	戏	品	工	健	击	狩	医	钓	放	拳	感	卫	生
营	动	卡	路	里	康	摄	陶	院	品	潜	纫	染	暇	猎
能	活	跳	画	纫	陶	击	纫	篮	魔	松	纫	陶	能	魔
益	画	瓷	影	能	游	拼	能	拼	钓	饮	食	乐	源	拳
松	压	活	足	术	松	织	纫	图	重	图	益	放	摄	织
陶	力	艺	艺	益	读	击	工	潜	法	量	品	法	露	猎
击	钓	读	活	远	拳	拳	术	远	击	针	露	放	戏	潜
过	敏	猎	纫	活	纫	魔	工	松	瓷	魔	利	拳	游	暇
恢	维	生	素	拳	鱼	技	技	技	狩	魔	摄	解	剖	学
复	击	图	陶	纫	趣	食	欲	影	放	跳	阅	猎	击	拼
艺	摄	阅	艺	消	读	绘	鱼	跳	瓷	钓	摄	猎	图	针
球	营	工	乐	化	遗	钓	狩	松	猎	益	工	球	潜	能
疾	病	营	养	魔	传	活	篮	纫	动	击	摄	远	狩	法
图	陶	游	按	工	学	远	暇	放	陶	图	工	血	跳	图
拼	露	营	艺	摩	影	棒	放	品	摄	鱼	读	图	读	跳

过敏
解剖学
食欲
卡路里
饮食
消化
能源
疾病
压力
遗传学

卫生
医院
感染
按摩
营养
重量
恢复
健康
维生素

28 - Selva Tropical

鱼	法	阅	瓷	丛	林	有	暇	针	戏	瓷	活	艺	工	魔
狩	云	品	趣	针	技	价	物	种	读	潜	影	跳	绘	暇
钓	工	织	足	远	陶	值	球	摄	针	远	技	园	潜	远
保	存	大	艺	魔	乐	的	钓	活	摄	动	拳	尊	重	品
舞	击	品	自	松	阅	潜	狩	远	气	动	阅	露	织	潜
动	瓷	拳	动	然	陶	绘	拼	跳	候	能	趣	瓷	图
钓	狩	狩	跳	植	拳	生	存	织	游	拳	鱼	狩	艺	园
鸟	跳	避	摄	物	营	潜	缝	影	拳	术	品	暇	魔	戏
类	击	难	魔	织	游	潜	拼	瓷	法	拼	动	松	活	两
击	能	所	放	画	多	跳	动	松	读	纫	阅	棒	击	栖
恢	复	昆	虫	影	跳	样	放	钓	阅	钓	法	放	能	动
苔	藓	陶	钓	针	活	潜	性	击	画	鱼	乐	趣	品	物
技	营	动	拳	术	狩	拼	工	阅	松	织	鱼	影	暇	动
拼	纫	篮	棒	纫	益	魔	动	艺	术	乐	戏	画	跳	乳
社	区	营	跳	织	品	营	读	工	绘	艺	缝	狩	远	哺

两栖动物	大自然
植物	鸟类
气候	保存
社区	避难所
多样性	尊重
物种	恢复
昆虫	丛林
哺乳动物	生存
苔藓	有价值的

艺	法	异	纫	戏	利	拼	篮	活	趣	现	代	拼	魔	篮
击	狩	国	击	远	远	暇	击	营	放	乐	织	艺	舞	狩
绘	法	情	缝	艺	潜	重	要	的	重	严	暇	魔	活	狩
画	潜	调	影	露	跳	松	能	值	吸	摄	趣	棒	艺	摄
芳	香	松	钓	陶	钓	跳	舞	价	引	球	露	法	营	趣
营	动	瓷	完	无	辜	的	黑	有	力	巨	大	的	猎	舞
魔	拼	活	美	有	益	拳	暗	潜	利	远	读	针	松	戏
重	球	露	纫	雄	鱼	营	松	园	图	篮	缝	戏	摄
拳	能	魔	远	心	明	法	活	营	大	猎	乐	营	击	棒
读	乐	绝	对	松	技	亮	诚	放	暇	放	益	乐	艺	暇
慢	鱼	利	潜	慷	鱼	远	实	陶	法	摄	术	读	技	潜
艺	球	活	跳	益	慨	阅	球	游	击	技	狩	足	艺	活
暇	拳	益	露	术	击	纫	狩	鱼	篮	法	松	放	戏	瓷
暇	陶	艺	棒	趣	乐	球	放	园	远	阅	读	棒	年	轻
魔	利	动	趣	瓷	远	影	画	艺	技	术	术	跳	缝	趣

绝对	重要的
有雄心	无辜的
芳香	年轻
吸引力	现代
明亮	黑暗
巨大的	完美
异国情调	严重的
慷慨	有价值的
诚实	

30 - Familia

松	远	拼	叔	叔	猎	鱼	篮	工	暇	放	拳	钓	活	影
鱼	露	阅	能	动	远	侄	瓷	狩	阅	露	阅	动	读	放
营	园	法	戏	远	营	子	画	跳	动	技	动	工	针	露
读	先	跳	缝	法	益	妻	纫	女	儿	法	舞	阅	击	动
术	祖	姐	姐	球	活	营	游	击	足	表	跳	营	纫	品
孩	子	母	钓	童	拼	艺	图	动	营	哥	棒	夫	影	球
棒	露	乐	法	游	年	品	影	球	活	丈	夫	影	绘	绘
鱼	舞	利	画	工	孙	子	产	父	能	松	术	图	工	摄
游	潜	画	击	瓷	猎	读	妇	亲	的	纫	艺	父	潜
术	阿	姨	狩	绘	潜	兄	松	法	舞	舞	绘	营	亲
拼	利	拳	侄	游	织	弟	缝	影	露	舞	影	营	营
绘	艺	松	术	女	母	亲	籃	钓	活	工	园	影	绘
跳	摄	松	陶	拳	潜	钓	艺	影	趣	缝	猎	工	舞	园	影
击	纫	动	纫	狩	纫	缝	活	戏	图	针	织	织	针	绘
松	戏	戏	读	读	游	足	父	织	籃	跳	远	猎	游	营

祖母
祖父
祖先
妻子
姐姐
兄弟
女儿
童年
母亲
丈夫

产妇
孙子
孩子
父亲
父亲的
表哥
侄女
侄子
阿姨
叔叔

31 - Disciplinas Científicas

生	物	学	言	语	鱼	击	读	篮	趣	动	球	益	品	摄
园	棒	文	化	绘	画	影	松	读	活	潜	营	放	狩	品
品	图	天	乐	物	免	疫	学	生	态	学	化	放	能	棒
绘	缝	考	游	读	生	技	物	影	猎	理	象	技	品	趣
绘	力	古	潜	放	暇	潜	动	棒	品	生	工	气	能	球
陶	学	学	经	神	舞	针	松	阅	球	棒	纫	绘	鱼	活
戏	理	剖	露	绘	乐	纫	动	艺	读	拳	舞	篮	绘	狩
益	心	解	陶	活	棒	跳	植	物	学	热	戏	魔	魔	棒
拳	缝	远	足	魔	动	篮	阅	摄	物	游	力	球	趣	游
拳	舞	能	跳	术	动	利	棒	图	矿	社	艺	学	拼	陶
足	乐	球	活	影	游	读	地	质	学	会	暇	猎	陶	放
园	针	法	瓷	缝	鱼	乐	趣	乐	阅	学	品	工	缝	动
活	益	暇	瓷	潜	游	趣	拼	游	艺	利	动	图	击	潜
跳	艺	术	能	织	绘	读	远	篮	影	趣	营	暇	动	狩
跳	暇	瓷	潜	影	能	钓	狩	利	技	陶	趣	跳	狩	图

解剖学	语言学
考古学	力学
天文学	气象学
生物学	矿物学
生物化学	神经学
植物学	心理学
生态学	化学
生理学	社会学
地质学	热力学
免疫学	动物学

32 - Electricidad

术鱼织营动阅钓潜趣跳针园能阅狩
机法活池电放法工乐益营画松设备
电缝露跳法击足瓷趣棒法园陶猎棒
发线舞对象灯绘能乐活鱼足积术营
网缝纫潜瓷狩磁铁钓数阅益极品球
戏络插钓拼缆电否电量动针的电话
拼技座足灯泡视拼拳工品营益乐能
远画缝纫露远益篮潜利读击钓放利
跳瓷工跳陶拼法魔猎拳品球拼篮棒
读猎狩鱼动拼篮乐工摄能园图乐读
阅影摄游松营篮鱼法跳缝营猎能术
利放潜陶图远影击阅放游暇活影鱼
足能术拼鱼画远利艺纫缝激工技露
鱼摄法松鱼品陶园摄拳猎光瓷乐术
法魔摄篮趣戏能篮跳读影戏陶足能

电池	发电机
灯泡	磁铁
电缆	激光
电线	对象
数量	积极的
电工	网络
插座	电视
设备	电话

33 - Salud y Bienestar #1

骨	头	缝	园	鱼	补	习	惯	姿	势	动	摄	暇	饥	图
读	戏	阅	拳	缝	远	充	术	魔	绘	摄	织	艺	饿	活
棒	病	舞	舞	纫	影	跳	剂	药	品	技	工	乐	织	放
放	毒	篮	狩	乐	营	法	读	画	店	艺	击	营	阅	露
篮	园	游	摄	缝	品	陶	篮	品	激	素	工	摄	陶	针
利	利	远	术	影	拼	鱼	皮	舞	露	魔	棒	织	远	营
读	摄	术	篮	工	魔	放	肤	图	术	球	医	鱼	远	织
猎	技	画	纫	松	绘	乐	瓷	远	钓	戏	足	生	利	针
细	菌	能	术	断	球	放	图	治	疗	园	陶	足	远	园
舞	针	画	图	裂	读	法	益	影	游	术	猎	暇	攝	摄
诊	所	读	远	能	拳	利	狩	摄	画	读	肌	肉	高	度
营	球	放	纫	击	艺	绘	动	狩	动	暇	鱼	摄	远	击
篮	猎	松	缝	纫	神	拼	陶	舞	摄	针	猎	远	动	狩
针	工	篮	击	读	经	趣	反	阅	魔	松	球	画	游	营
鱼	纫	技	棒	钓	潜	利	射	足	篮	画	影	画	球	织

高	度	肌	肉
细	菌	神	经
诊	所	皮	肤
医	生	姿	势
药	店	反	射
断	裂	放	松
饥	饿	补	充剂
习	惯	治	疗
激	素	病	毒
骨	头		

正	常	拼	纫	露	生	读	营	读	辣	画	击	阅	游	猎
技	松	放	棒	趣	产	绘	纫	戏	艺	陶	棒	潜	技	鱼
击	舞	利	营	技	力	技	阅	暇	剧	足	工	艺	益	有
新	的	性	述	描	动	绘	暇	强	工	性	猎	摄	戏	趣
营	法	拳	阅	松	魔	活	游	纫	钓	松	暇	拼	健	击
缝	优	雅	松	术	远	食	暇	工	术	绘	球	暇	康	乐
影	针	影	潜	园	动	用	阅	新	创	意	园	阅	放	读
活	暇	乐	画	纫	画	棒	鱼	鲜	画	乐	织	针	鱼	缝
影	缝	棒	织	利	法	乐	织	营	品	露	利	游	暇	跳
营	跳	击	钓	营	放	狩	图	球	园	园	趣	趣	球	活
工	潜	狩	舞	图	钓	纫	技	园	累	钓	瓷	绘	益	织
魔	利	园	利	著	营	魔	益	魔	钓	品	露	鱼	自	然
陶	击	负	艺	名	干	陶	术	潜	钓	品	露	营	动	营
缝	击	游	责	的	咸	狩	趣	潜	击	骄	傲	跳	拳	钓
猎	棒	潜	鱼	摄	猎	摄	乐	放	跳	艺	针	工	技	拼

食用	自然
创意	正常
描述性的	新的
戏剧性	骄傲
优雅	生产力
著名的	负责
新鲜	健康
有趣	

35 - Cuerpo Humano

园击钓动动瓷法篮足读手园法影陶
摄膝魔品嘴戏绘猎品腿指舞法摄乐
摄盖魔拼踝阅针绘魔术纫园针暇影
动陶陶品猎纫舞艺猎图园画影球松
皮放鱼瓷益乐猎益摄能舞球头耳跳
缝肤拼缝肘部松艺动画游针园朵潜
纫读狩暇跳技狩艺技趣放工画跳活
能舞摄暇鱼击暇乐益暇影球艺绘露
趣园益鱼血园阅游球钓松织露陶绘
动法舞心摄工品足拼击露活园陶篮
下巴脸肩膀潜摄篮钓摄缝活针图园
术眼睛园画戏舌头足读松球利陶猎
击利园鼻子活猎图击远猎鱼潜影远
篮趣能鱼脖织园法摄技棒阅技脑摄
营园钓戏瓷球活法动跳影舞舞陶动

下巴　　　　　鼻子
肘部　　　　　眼睛
脖子　　　　　耳朵
手指　　　　　皮肤
肩膀　　　　　膝盖
舌头

36 - Calentamiento Global

动 读 活 乐 篮 营 趣 陶 营 温 猎 篮 魔 游 拳
利 魔 鱼 狩 园 猎 球 松 画 度 潜 针 阅 陶 利
棒 球 工 缝 阅 钓 营 工 纫 陶 阅 远 足 针
摄 鱼 乐 科 影 钓 篮 瓷 益 足 摄 利 鱼 品
动 能 跳 学 代 危 机 发 展 潜 钓 舞 品 鱼 画
工 缝 源 工 读 阅 远 气 猎 针 政 戏 摄 露 未 来
园 人 工 业 潜 读 纫 陶 候 术 府 后 影 术 读
跳 口 击 缝 立 阅 针 艺 潜 球 陶 果 影 工 放
陶 工 戏 远 法 瓷 工 变 魔 棒 法 趣 工 图
法 数 技 篮 品 戏 狩 工 瓷 动 钓 猎 法 乐
拼 画 据 北 读 利 戏 能 术 击 针 动 趣 鱼
潜 舞 足 极 戏 益 工 影 园 露 读 纫 读 阅
放 影 营 棒 球 现 缝 利 品 园 松 暇 钓 纫 缝
术 绘 猎 球 法 在 拼 猎 篮 放 国 际 气 读 游
鱼 拳 环 境 的 潜 露 游 拼 拼 暇 摄 体 图 游

现在
环境的
北极
变化
科学家
气候
后果
危机
数据
发展

能源
未来
气体
政府
工业
国际
立法
人口
温度

37 - Ciencia

化	陶	潜	放	益	益	益	粒	远	益	露	猎	瓷	艺	室
学	园	摄	拼	画	陶	潜	瓷	子	球	放	技	乐	实	验
的	远	鱼	针	足	击	摄	阅	原	活	阅	游	分	实	实
乐	图	钓	绘	潜	法	术	纫	法	动	游	动	子	放	放
跳	动	进	针	能	松	潜	鱼	游	狩	生	益	品	潜	陶
狩	石	化	能	远	猎	猎	术	露	理	物	拳	潜	远	绘
大	潜	摄	画	棒	动	瓷	戏	事	实	益	潜	摄	缝	绘
游	自	艺	拳	方	戏	活	狩	远	钓	狩	活	益	潜	活
织	工	然	乐	法	假	艺	潜	缝	跳	阅	棒	术	跳	益
足	鱼	数	鱼	工	设	绘	暇	摄	园	营	鱼	气	针	
摄	动	据	摄	科	趣	魔	跳	击	艺	摄	植	候	绘	
潜	趣	陶	针	缝	学	技	狩	游	松	术	物	拼	瓷	
营	图	重	益	针	拳	狩	阅	利	术	跳	绘	拳	舞	
绘	舞	力	阅	棒	摄	能	矿	暇	图	游	织	能	瓷	
图	活	织	图	击	图	读	狩	织	画	技	放	法	跳	跳

原子
科学家
气候
数据
进化
实验
物理
化石
重力
事实

假设
实验室
方法
矿物
分子
大自然
生物
粒子
植物
化学的

38 - Restaurante #2

营 开 足 球 拼 缝 叉 服 拼 针 织 利 跳 法 动
露 胃 陶 术 画 法 子 椅 务 棒 棒 乐 棒 织 能
鱼 菜 篮 跳 缝 摄 利 鱼 品 员 放 沙 拉 击 营
技 纫 陶 冰 陶 魔 舞 能 钓 棒 阅 针 盐 技 狩
工 击 纫 瓷 球 法 园 放 游 影 暇 晚 餐 潜 织
潜 营 蔬 动 钓 钓 益 画 击 钓 戏 松 午 暇 动
拼 动 菜 利 活 放 利 瓷 技 拼 影 影 艺 鱼 舞
趣 园 绘 跳 摄 香 陶 动 舞 松 跳 趣 织 活 鱼
利 棒 图 饮 料 料 动 影 能 戏 足 游 能 陶
棒 趣 远 针 益 陶 潜 舞 趣 拼 陶 跳 水 猎
潜 织 鱼 钓 足 游 猎 水 果 能 汤 益 松 篮 画
法 狩 足 狩 击 戏 足 暇 舞 猎 棒 远 放 画 暇
缝 足 放 舞 摄 能 钓 棒 猎 美 动 瓷 球 摄 阅
露 舞 绘 法 能 画 影 术 法 味 蛋 糕 拼 猎 放
蛋 图 品 影 摄 篮 织 缝 勺 子 松 影 暇 图 绘

午餐   沙拉
开胃菜   香料
饮料   水果
服务员   蛋糕
晚餐   椅子
勺子   叉子
美味   蔬菜

39 - Profesiones #1

魔 魔 猎 水 动 能 钢 琴 家 品 针 活 露 利 钓
活 画 跳 篮 管 益 钓 潜 针 魔 益 图 魔 狩 品
兽 医 瓷 编 工 工 画 露 绘 影 利 营 露 品 瓷
图 狩 瓷 摄 辑 消 防 队 员 动 运 活 露 园 潜
狩 园 松 潜 舞 篮 猎 狩 摄 珠 宝 商 图 露 技
活 活 音 乐 家 能 读 动 术 击 魔 缝 技 篮 法
动 技 大 放 术 术 能 暇 猎 狩 舞 蹈 家 行 银
魔 活 使 术 远 工 狩 工 艺 鱼 技 家 学 质 地
猎 潜 远 陶 拼 魔 猎 教 画 艺 营 学 理 护 纫
跳 法 狩 钓 击 猎 品 法 练 暇 猎 文 心 士 读
跳 拼 织 暇 活 潜 猎 球 魔 能 人 天 足 绘 潜
绘 绘 图 读 营 足 暇 戏 远 远 绘 园 织 暇 陶
艺 潜 拳 乐 放 瓷 跳 远 术 影 律 趣 法 潜 趣
乐 钓 织 乐 绘 技 图 戏 趣 瓷 师 图 制 跳 活
益 能 远 球 跳 绘 魔 戏 医 生 放 法 球 读 纫

律师   大使
天文学家   护士
运动员   教练
舞蹈家   水管工
银行家   地质学家
消防队员   珠宝商
制图师   音乐家
猎人   钢琴家
医生   心理学家
编辑   兽医

40 - Vehículos

卡	车	租	出	筏	暇	篮	棒	瓷	地	阅	舞	艺	针	阅
游	火	篮	术	远	放	松	影	读	铁	棒	瓷	影	织	远
活	针	影	游	游	乐	陶	潜	猎	画	摄	工	画	艺	远
火	箭	术	球	利	棒	画	潜	影	技	画	陶	读	纫	狩
戏	陶	利	图	狩	品	球	针	暇	益	拳	魔	狩	直	阅
救	护	车	棒	狩	戏	舞	跳	乐	游	术	击	阅	升	阅
球	远	利	篷	轮	渡	影	动	飞	机	跳	法	技	机	读
阅	园	艺	棒	大	胎	松	猎	鱼	拉	棒	狩	暇	织	猎
舞	戏	读	针	戏	汽	车	棒	绘	拖	品	陶	益	瓷	阅
潜	针	技	暇	技	针	钓	益	图	乐	马	活	画	钓	猎
针	缝	猎	猎	暇	暇	鱼	园	阅	露	达	图	艺	放	园
潜	趣	乐	游	舞	益	球	园	放	露	球	鱼	动	篮	图
画	游	艺	钓	球	潜	益	货	自	总	放	缝	阅	篮	影
织	拼	放	缝	纫	艇	拼	车	行	阅	线	篮	针	露	潜
放	狩	缝	暇	艺	钓	船	趣	车	远	画	钓	舞	乐	艺

救护车	货车
总线	直升机
飞机	地铁
自行车	马达
卡车	轮胎
大篷车	潜艇
汽车	出租车
火箭	拖拉机
渡轮	火车

41 - Geometría

纫	趣	松	图	钓	影	逻	跳	鱼	法	篮	潜	针	法	益
拼	画	技	技	利	平	辑	松	艺	潜	跳	比	例	戏	远
钓	表	影	针	魔	水	行	图	露	露	松	中	位	数	松
游	面	术	动	技	法	织	能	拼	拳	瓷	跳	艺	技	拼
益	纫	工	法	游	乐	利	技	针	曲	角	暇	足	潜	活
放	放	技	棒	篮	计	算	拼	放	艺	线	度	垂	直	方
纫	法	潜	戏	拳	球	暇	露	营	陶	跳	高	利	篮	程
活	阅	绘	魔	松	艺	狩	针	利	绘	暇	法	针	瓷	篮
工	钓	理	论	游	织	营	魔	乐	游	工	钓	远	阅	篮
缝	猎	猎	品	摄	营	读	露	游	狩	品	法	猎	尺	阅
利	潜	魔	松	暇	纫	绘	球	能	技	读	远	益	寸	猎
益	利	戏	针	针	概	针	拼	活	艺	远	拳	猎	狩	术
能	能	瓷	拳	拼	率	纫	舞	游	直	乐	织	能	棒	狩
术	法	画	益	鱼	段	趣	质	量	径	对	称	足	影	能
三	角	形	陶	阅	营	拳	露	猎	能	跳	技	瓷	针	拼

高度　　　　　中位数
角度　　　　　平行
计算　　　　　概率
曲线　　　　　比例
直径　　　　　对称
尺寸　　　　　表面
方程　　　　　理论
水平　　　　　三角形
逻辑　　　　　垂直
质量

42 - Vacaciones #2

狩	旅	读	足	影	营	照	岛	影	猎	猎	篮	露	棒	技
技	程	运	技	艺	球	片	乐	舞	戏	品	益	钓	放	篮
拳	工	露	输	足	露	远	拳	技	帐	假	期	趣	影	针
舞	读	球	鱼	放	营	出	租	车	篷	乐	击	放	跳	趣
拳	园	活	艺	暇	利	球	拳	读	火	海	魔	营	艺	潜
利	趣	篮	绘	露	露	潜	钓	钓	机	护	照	舞	狩	乐
益	潜	猎	织	拼	舞	拼	动	陶	场	潜	乐	工	球	能
球	动	酒	地	术	球	瓷	猎	露	读	魔	摄	益	营	篮
暇	阅	店	图	舞	益	阅	餐	陶	趣	魔	营	法	暇	暇
营	园	利	工	棒	目	的	地	厅	益	活	纫	趣	跳	艺
签	证	拳	足	园	瓷	潜	画	图	暇	缝	趣	摄	游	击
技	拼	游	绘	织	猎	松	暇	魔	猎	能	缝	篮	狩	技
陶	画	活	利	读	绘	鱼	陶	利	潜	趣	外	篮	狩	拳
读	技	织	动	益	戏	钓	艺	织	远	游	国	利	趣	针
拳	织	远	活	海	滩	趣	能	猎	舞	趣	人	跳	绘	利

机场　　　　　　海滩
露营　　　　　　餐厅
帐篷　　　　　　出租车
目的地　　　　　运输
外国人　　　　　火车
照片　　　　　　假期
酒店　　　　　　旅程
地图　　　　　　签证
护照

43 - Matemáticas

陶	魔	趣	阅	几	术	工	益	魔	动	广	方	松	跳	数
影	活	读	能	何	活	狩	平	乐	营	场	程	多	纫	字
品	画	影	技	学	拳	远	魔	行	平	趣	钓	周	边	活
足	瓷	针	松	舞	影	跳	针	对	四	戏	工	长	戏	形
钓	阅	能	画	利	舞	活	图	称	园	边	摄	能	画	拼
露	魔	球	纫	放	绘	乐	松	戏	活	益	形	陶	半	径
艺	鱼	法	鱼	技	篮	足	篮	法	篮	术	放	游	法	工
魔	击	球	利	暇	绘	缝	阅	图	卷	图	直	垂	猎	图
读	魔	法	拳	指	图	益	暇	游	拳	暇	径	益	暇	拼
魔	乐	艺	工	趣	数	艺	绘	钓	益	瓷	缝	猎	影	篮
绘	狩	绘	矩	形	分	十	技	画	针	角	度	鱼	影	益
活	击	品	远	角	松	进	游	品	动	绘	益	算	放	潜
球	趣	摄	露	三	法	制	能	针	园	猎	读	术	画	陶
暇	篮	球	利	趣	术	露	益	棒	舞	工	艺	织	技	松
击	游	陶	鱼	拳	能	拳	趣	阅	拳	松	动	摄	缝	戏

算术
角度
周长
广场
十进制
直径
方程
指数
分数
几何学

数字
平行
平行四边形
垂直
多边形
半径
矩形
对称
三角形

44 - Profesiones #2

益猎园魔猎品品松研究员航宇图织
织瓷击能拼陶瓷暇棒露拳行钓书陶
陶技陶益瓷影钓图纫狩外棒飞管瓷
阅园钓工益工能织动织科绘织理读
品放钓工猎跳拳营侦足医牙园员暇
益拳露画绘缝拼放探营生医读拳缝
术足针篮瓷放营乐游影阅拳发术潜
绘利品拳露狩活放阅织营戏明篮鱼
缝纫利潜舞画击狩松篮游能者远游
图舞纫鱼瓷阅家生画摄钓鱼画工图
摄松瓷趣园击画物能影纫技技技织
舞读读棒影丁插学家师老松哲织球
陶读陶远绘棒钓家学言语击学画足
活工程师法钓戏戏物乐记者家跳鱼
工击利动暇针能读动影法狩纫拳针

宇航员	发明者
图书管理员	研究员
生物学家	园丁
外科医生	语言学家
牙医	医生
侦探	记者
哲学家	飞行员
摄影师	画家
插画家	老师
工程师	动物学家

45 - Senderismo

篮	动	气	候	纫	暇	摄	松	活	品	摄	拼	法	太	戏
品	瓷	益	准	备	篮	钓	术	缝	猎	游	工	足	阳	艺
棒	缝	松	法	动	乐	足	拼	累	狩	暇	拼	狩	远	纫
营	球	绘	动	艺	图	纫	画	术	术	品	拳	术	园	营
绘	纫	指	南	缝	拼	拼	摄	纫	活	露	公	暇	工	拳
园	术	球	拼	针	营	影	益	纫	棒	营	园	能	山	钓
潜	拼	足	园	篮	球	地	狩	陶	松	露	摄	纫	图	术
图	趣	舞	游	球	营	动	图	峰	棒	跳	狩	篮	拼	跳
益	瓷	远	石	头	重	物	益	暇	会	跳	阅	画	纫	活
远	戏	术	瓷	工	露	游	游	游	瓷	潜	画	狩	拳	钓
绘	击	松	足	纫	戏	利	趣	读	织	游	放	远	绘	利
瓷	瓷	营	图	远	篮	猎	纫	拳	能	活	陶	趣	悬	崖
画	舞	术	读	猎	水	舞	拳	舞	篮	蚊	钓	潜	阅	篮
乐	艺	乐	术	戏	大	自	然	荒	能	子	读	术	潜	棒
暇	拼	影	戏	艺	品	方	向	野	技	暇	靴	纫	跳	放

悬崖	蚊子
动物	大自然
靴子	方向
露营	公园
气候	石头
峰会	准备
指南	荒野
地图	太阳

46 - Naturaleza

鱼 摄 戏 戏 露 球 荒 活 潜 活 猎 品 足 球 术
森 图 鱼 摄 技 摄 野 动 态 放 拼 树 叶 营 法
林 园 和 阅 益 活 利 织 营 篮 营 魔 园 松 技
缝 品 平 钓 图 益 营 动 纫 舞 放 魔 陶 球 舞
潜 舞 狩 陶 狩 跳 营 击 摄 影 棒 魔 魔 篮 织
侵 陶 动 能 摄 美 瓷 术 织 热 利 影 球 远 影
蚀 动 物 阅 陶 拳 球 球 暇 带 宁 影 游 营 阅
阅 冰 利 拳 摄 放 北 纫 摄 影 缝 静 绘 瓷 足
工 川 球 篮 潜 露 极 庇 影 摄 技 松 放 放 艺
狩 术 乐 图 沙 漠 避 潜 瓷 护 织 放 猎 放 益
趣 法 工 趣 纫 潜 难 瓷 云 鱼 松 篮 狩 击 击
露 潜 篮 针 魔 暇 所 工 魔 所 露 益 猎 蜜 篮
击 球 缝 阅 园 钓 摄 瓷 趣 跳 河 篮 蜂 拼 重
松 影 远 雾 游 图 舞 放 鱼 针 陶 蜜 要
读 狩 乐 艺 松 织 陶 读 读 能 陶 远 缝 放 的

蜜蜂   冰川
动物   和平
北极   庇护所
森林   荒野
沙漠   避难所
动态   宁静
侵蚀   热带
树叶   重要的

47 - Conduciendo

纫	棒	汽	益	技	松	燃	料	瓷	篮	事	故	车	卡	工
营	松	车	缝	工	趣	阅	利	技	工	技	术	库	托	绘
马	营	刹	活	戏	法	能	拳	活	拳	跳	瓷	击	营	摩
达	瓷	击	陶	动	利	篮	影	乐	安	工	拼	钓	危	险
工	暇	乐	乐	摄	戏	舞	戏	跳	全	趣	钓	猎	缝	影
球	击	技	瓷	潜	拳	击	缝	技	活	图	乐	运	击	输
益	舞	舞	钓	利	猎	拳	艺	动	钓	远	益	趣	击	纫
松	园	棒	地	放	戏	利	暇	拳	缝	法	工	读	瓷	远
趣	乐	拳	图	击	球	缝	营	击	利	纫	技	能	针	棒
放	魔	图	警	足	击	艺	动	法	瓷	拳	远	击	拳	游
交	益	气	察	行	图	游	拼	能	技	猎	影	猎	织	放
通	跳	放	体	街	人	缝	速	棒	猎	营	球	针	隧	道	击
影	执	跳	戏	能	缝	放	度	击	园	瓷	针	魔	潜	乐	篮
能	照	纫	绘	读	绘	艺	活	乐	暇	艺	工	舞	影	松
利	钓	趣	动	动	棒	活	远	营	艺	能	暇	球	棒	魔

事故
卡车
汽车
燃料
刹车
车库
气体
执照
地图
摩托车

马达
行人
危险
警察
安全
运输
交通
隧道
速度

48 - Ballet

球	摄	技	暇	暇	活	戏	瓷	戏	潜	趣	风	暇	暇	猎
鱼	艺	影	能	拳	图	摄	潜	织	潜	瓷	格	戏	击	画
松	摄	强	度	露	读	棒	法	影	乐	技	棒	松	纫
狩	远	利	画	露	击	缝	品	球	影	足	舞	棒	影	狩
阅	篮	织	跳	魔	针	肌	肉	魔	魔	钓	园	球	摄	击
缝	富	乐	远	技	阅	品	棒	舞	趣	营	利	露	远	舞
跳	有	独	奏	术	利	编	能	潜	织	能	游	艺	者
棒	表	阅	实	足	阅	舞	游	足	能	技	品	游	工	狩
技	现	狩	践	戏	舞	趣	动	潜	利	阅	乐	魔	益	术
远	力	露	拼	游	趣	能	营	园	纫	棒	球	潜	活
棒	绘	狩	技	管	法	营	艺	技	狩	动	画	读
露	益	作	曲	棒	弦	手	势	篮	拳	狩	篮	掌	声
艺	技	拳	园	家	乐	术	节	术	奏	游	狩	营	营	活	暇
术	狩	游	工	跳	队	音	园	益	读	乐	跳	活	活	陶
的	松	乐	利	益	益	露	棒	狩	乐	暇	球	营	拳	钓
暇				跳		狩	乐	阅	营	品	观	众		观

掌声	技能
艺术的	强度
观众	肌肉
舞者	音乐
作曲家	管弦乐队
编舞	实践
风格	节奏
富有表现力	独奏
手势	技术

49 - Fuerza y Gravedad

工	潜	磁	读	工	舞	术	远	露	法	术	动	鱼	摩	暇
松	纫	性	行	法	戏	绘	乐	暇	舞	技	益	影	技	擦
球	动	影	星	露	绘	针	足	游	术	动	营	响	运	动
园	针	狩	缝	放	影	营	瓷	魔	园	针	露	能	游	潜
趣	织	猎	戏	远	力	学	园	绘	球	钓	品	鱼	戏	魔
营	魔	松	猎	针	压	图	暇	营	篮	放	棒	术	工	阅
球	魔	针	潜	松	松	绘	缝	术	术	画	阅	放	松	绘
艺	影	魔	远	绘	动	活	绘	营	摄	艺	松	篮	读	阅
物	理	魔	益	跳	影	趣	利	松	轨	跳	距	量	重	织
魔	普	遍	的	拳	戏	乐	棒	扩	道	纫	离	动	放	拳
读	法	缝	工	狩	法	摄	拼	球	张	拳	轴	猎	态	猎
速	度	乐	活	乐	营	品	狩	艺	法	艺	时	工	艺	狩
益	动	技	影	放	狩	拼	游	能	舞	露	间	发	现	利
拳	画	工	棒	影	拳	读	针	猎	纫	能	暇	远	钓	织
魔	趣	舞	纫	影	猎	利	中	央	阅	足	图	潜	球	法

中央
发现
动态
距离
扩张
物理
摩擦
影响
动量
磁性

力学
运动
轨道
重量
行星
压力
时间
普遍的
速度

50 - Aventura

击	放	鱼	拳	远	趣	瓷	篮	图	针	放	鱼	拳	织	动
钓	球	暇	营	绘	技	舞	拼	魔	露	纫	织	暇	钓	足
艺	艺	暇	艺	画	跳	影	术	针	远	动	击	营	足	工
活	动	准	跳	缝	瓷	朋	友	工	绘	喜	篮	拼	游	瓷
魔	松	备	营	读	棒	魔	品	影	图	悦	远	园	摄	放
纫	棒	技	影	动	露	放	魔	能	工	远	猎	能	活	足
狩	图	利	暇	术	狩	乐	纫	工	术	击	篮	艺	利	戏
放	露	美	法	益	潜	钓	戏	篮	棒	影	法	摄	拼	乐
读	足	露	暇	技	鱼	活	安	全	导	球	纫	阅	狩	品
营	阅	放	营	工	旅	行	摄	大	航	瓷	画	猎	戏	能
益	动	工	营	松	魔	术	足	自	松	击	品	猎	困	法
篮	地	益	远	远	足	勇	品	然	戏	技	钓	危	技	难
新	的	异	热	情	露	敢	纫	艺	摄	品	技	暇	险	篮
行	目	常	暇	陶	鱼	针	织	乐	图	品	钓	猎	篮	程
足	程	影	舞	棒	园	钓	工	图	游	拳	机	会	戏	画

活动   大自然
喜悦   导航
朋友   新的
目的地   机会
困难   危险
热情   准备
远足   安全
异常   勇敢
行程   旅行

51 - Pájaros

织	足	利	拳	艺	品	工	技	游	活	绘	棒	潜	足	读
松	钓	工	园	营	魔	魔	放	露	乌	鸦	篮	击	拳	缝
鸽	子	戏	阅	动	钓	画	露	摄	戏	纫	活	针	杜	缝
图	戏	营	绘	动	游	拼	影	益	画	鸭	织	针	魔	鹃
艺	图	拳	影	足	金	动	品	钓	足	绘	绘	击	园	远
拳	放	益	拳	舞	丝	图	法	狩	钓	针	舞	活	拼	戏
远	狩	阅	苍	鱼	雀	摄	阅	利	足	乐	图	针	潜	游
绘	足	放	魔	鹭	麻	画	读	篮	读	能	潜	乐	鱼	放
潜	缝	织	暇	猎	远	足	术	鹳	棒	击	能	戏	狩	摄
篮	摄	工	放	暇	舞	利	击	动	织	拳	乐	戏	放	鸡
画	暇	狩	陶	活	技	读	乐	术	鹦	工	戏	工	趣	猎
蛋	拼	狩	球	鹰	舞	舞	工	活	鹉	工	读	鱼	工	露
火	鸵	足	动	放	潜	绘	鹈	松	露	影	园	利	工	放
烈	鸟	嘴	巨	鸥	戏	法	能	鹕	园	阅	潜	天	鹅	企
鸟	针	狩	画	活	鹅	戏	趣	画	读	利	艺	读	益	松

鸵鸟　　　　　　　　　麻雀
金丝雀　　　　　　　　鹦鹉
天鹅　　　　　　　　　鸽子
杜鹃　　　　　　　　　鹈鹕
乌鸦　　　　　　　　　企鹅
火烈鸟　　　　　　　　巨嘴鸟
苍鹭

52 - Geografía

狩	球	益	舞	狩	能	放	绘	利	艺	篮	缝	游	绘	动
影	暇	营	鱼	戏	绘	阅	露	潜	露	潜	潜	画	工	陶
跳	猎	园	绘	南	鱼	北	画	园	放	陶	暇	游	艺	阅
阅	影	针	营	拼	动	瓷	国	家	趣	利	足	图	陶	拼
能	针	品	狩	西	能	品	益	园	拳	法	织	读	戏	织
戏	读	潜	放	动	利	潜	足	猎	影	篮	远	绘	动	针
缝	露	乐	针	摄	阅	术	摄	读	乐	瓷	阅	猎	松	营
地	击	远	狩	绘	幼	球	益	摄	拼	图	拼	魔	营	画
针	区	法	影	利	术	半	球	艺	暇	能	戏	阅	放	益
艺	山	海	游	工	球	图	影	画	园	乐	摄	拳	活	舞
地	法	地	狩	针	拳	松	篮	舞	缝	动	游	河	瓷	魔
图	岛	图	园	经	度	高	魔	影	摄	瓷	露	拼	幼	狩
放	子	集	品	织	放	纬	潜	露	篮	松	篮	能	摄	影
跳	午	远	缝	城	动	棒	法	缝	法	趣	工	世	潜	活
利	线	狩	陶	市	击	阅	魔	绘	领	土	游	界	大	陆

高度
地图集
城市
大陆
半球
纬度
经度

地图
子午线
世界
国家
地区
领土

53 - Música

```
画 瓷 戏 活 仪 器 工 术 陶 音 织 摄 技 放 影
纫 益 影 阅 魔 法 能 织 专 辑 乐 摄 瓷 缝 游
戏 乐 读 能 猎 法 乐 旋 律 诗 狩 剧 趣 钓 拳
猎 狩 舞 击 趣 品 技 钓 工 速 意 鱼 乐 能 影
篮 狩 艺 纫 节 奏 猎 艺 针 度 织 远 活 读 魔
艺 鱼 营 营 舞 猎 拳 民 谣 摄 织 钓 远 戏 绘
舞 园 松 术 趣 活 拼 松 音 乐 家 瓷 篮 活 猎
纫 录 音 击 魔 松 暇 露 狩 暇 针 暇 球 放 艺
球 术 拼 游 工 阅 露 能 鱼 跳 能 图 摄 和 波
图 潜 营 声 手 放 露 远 营 图 利 麦 克 风 谐
利 针 纫 乐 歌 剧 潜 品 击 缝 瓷 阅 猎 活 读
读 艺 潜 魔 击 舞 击 法 古 典 绘 缝 拼 陶 棒
狩 狩 益 阅 针 摄 图 织 魔 针 钓 针 艺 绘 营
露 艺 织 针 拼 术 拳 技 营 鱼 营 瓷 陶 艺 术
乐 缝 读 陶 缝 凑 合 摄 狩 猎 游 唱 合 纫 远
```

和谐
谐波
专辑
民谣
歌手
古典
合唱
录音
凑合
仪器

旋律
麦克风
音乐剧
音乐家
歌剧
诗意
节奏
速度
声乐

54 - Enfermedad

松 过 敏 陶 图 腹 营 魔 露 法 缝 治 影 鱼 拳
法 针 品 画 潜 部 游 呼 吸 的 松 疗 病 经 神
影 纫 瓷 腰 椎 织 瓷 弱 慢 球 陶 摄 炎 原 拼
陶 鱼 拳 钓 拼 露 魔 能 拳 性 急 状 症 传 体
艺 骨 跳 松 拼 拼 利 技 狩 乐 足 鱼 篮 染 健
戏 头 游 绘 针 品 钓 工 园 潜 松 潜 球 性 康
猎 针 绘 趣 动 戏 暇 拳 远 乐 能 心 陶 潜 篮
工 阅 乐 读 戏 读 足 读 纫 潜 遗 猎 缝 魔 纫
狩 绘 击 狩 舞 能 戏 舞 术 品 足 传 足 术 园
影 趣 利 织 针 钓 陶 益 拼 鱼 暇 鱼 画 拼 趣
绘 鱼 鱼 松 拼 细 菌 画 缝 拼 免 棒 工 趣
球 能 针 猎 拳 术 露 瓷 艺 画 疫 远 戏 阅
篮 术 阅 术 拳 戏 乐 画 园 身 体 球 瓷 画 跳
读 技 潜 篮 画 园 画 跳 摄 钓 术 绘 猎 法 绘
暇 潜 园 球 暇 拳 乐 球 拳 乐 篮 能 动 足 法

腹部	炎症
急性	免疫
过敏	腰椎
细菌	神经病
传染性	病原体
慢性	呼吸的
身体	健康
遗传	症状
骨头	治疗

55 - Actividades

戏 拳 露 远 潜 露 动 针 绘 影 魔 阅 品 图 图
艺 术 乐 画 纫 利 动 暇 足 法 放 松 织 缝
活 动 暇 瓷 拼 戏 棒 足 钓 远 摄 游 魔 游
钓 画 图 猎 远 棒 魔 品 暇 缝 影 击 戏 园 摄
潜 园 图 工 工 露 篮 暇 游 能 术 猎 放 画 舞
狩 艺 猎 棒 益 品 利 狩 狩 猎 足 钓 露 阅 趣
艺 绘 陶 瓷 能 缝 戏 益 戏 图 钓 暇 营 艺 猎
潜 戏 狩 绘 跳 艺 纫 拼 舞 画 鱼 缝 击 读 技
活 摄 远 戏 纫 瓷 球 法 图 瓷 篮 鱼 放 击 暇
击 暇 游 戏 远 足 阅 陶 跳 潜 艺 读 活 松 游
能 纫 跳 放 舞 影 读 摄 狩 魔 棒 乐 乐 绘 钓
画 织 品 缝 影 游 工 技 能 露 露 趣 影 摄 阅
品 阅 暇 摄 潜 画 艺 陶 活 技 露 益 活 球 艺
远 暇 足 术 钓 营 品 能 益 游 法 阅 纫 狩 工
读 阅 钓 钓 钓 暇 摄 暇 工 潜 猎 拳 纫 乐 读

活 动
艺 术
工 艺 品
露 营
狩 猎
陶 瓷
缝 纫
摄 影
技 能
利 益

园 艺
游 戏
阅 读
魔 法
钓 鱼
放 乐
拼 松
远 图
足

56 - Verduras

阅	拼	钓	棒	跳	远	工	针	猎	营	影	艺	织	法	钓
萝	狩	术	钓	园	猎	暇	戏	品	球	阅	艺	活	针	阅
戏	卜	艺	舞	法	棒	画	影	园	远	术	活	术	艺	菠
露	萝	露	针	法	能	大	法	图	暇	瓷	钓	瓷	能	菜
猎	胡	利	暇	远	品	动	蒜	远	拼	读	瓷	球	利	乐
洋	葱	摄	拳	乐	露	绘	狩	戏	魔	远	鱼	工	针	跳
戏	暇	放	钓	品	篮	陶	图	暇	艺	工	击	艺	技	图
跳	利	拳	工	露	香	球	游	画	营	益	画	茄	子	能
纫	远	露	品	姜	菜	芹	狩	术	潜	读	技	番	篮	魔
篮	潜	园	拳	陶	西	菜	豌	纫	魔	陶	芜	菁	利	绘
影	远	篮	戏	潜	利	兰	豆	沙	拉	戏	动	球	拼	缝
影	黄	营	游	足	针	土	花	击	放	橄	榄	陶	艺	瓷
能	瓜	南	游	球	动	豆	艺	读	拳	品	松	画	朝	足
品	园	舞	活	工	术	猎	织	阅	图	球	鱼	阅	鲜	远
球	动	摄	趣	技	蘑	菇	放	潜	鱼	针	松	露	蓟	活

大蒜
朝鲜蓟
芹菜
茄子
西兰花
南瓜
洋葱
沙拉
菠菜
豌豆

芜菁
橄榄
土豆
黄瓜
香菜
萝卜
蘑菇
番茄
胡萝卜

57 - Instrumentos Musicales

拼 纫 园 缝 织 园 工 利 阅 大 游 趣 艺 跳 棒
篮 画 舞 球 棒 篮 园 能 钓 提 缝 击 品 跳 瓷
术 放 放 动 拳 陶 织 品 读 琴 瓷 猎 能 针 击
舞 鼓 足 钓 阅 绘 趣 拼 喇 益 工 潜 松 露 棒
纫 画 法 技 园 工 活 法 叭 拳 魔 影 舞 陶 利
松 技 瓷 法 露 暇 足 号 吉 他 班 乐 术 绘 游
乐 绘 益 针 乐 松 游 长 球 跳 卓 趣 摄 舞 戏
打 营 读 益 益 鱼 能 影 笛 魔 琴 针 钓 球 摄
活 击 曼 陀 林 针 阅 画 铃 鼓 竖 提 绘 品 阅
击 绘 乐 图 画 画 陶 远 放 足 戏 棒 小 松 品
乐 技 织 器 园 露 球 猎 萨 克 斯 管 簧 双 锣
动 拳 放 品 园 法 能 影 园 绘 远 松 趣 织 棒
钓 读 猎 艺 术 远 篮 陶 游 舞 绘 巴 钢 琴 口
织 读 拳 跳 潜 利 法 乐 缝 图 动 林 缝 魔 琴
游 动 钓 阅 针 纫 击 鱼 戏 戏 猎 马 单 簧 管

口琴	双簧管
竖琴	铃鼓
班卓琴	打击乐器
单簧管	钢琴
巴松管	萨克斯管
长笛	长号
吉他	喇叭
曼陀林	小提琴
马林巴	大提琴

58 - Formas

线 针 游 针 钓 趣 营 缝 趣 瓷 钓 放 术 广 场
棒 游 营 活 陶 猎 拼 针 园 鱼 棱 棒 棒 纫 跳
乐 拳 猎 暇 魔 营 篮 瓷 技 读 镜 锥 猎 影 趣
足 陶 猎 利 趣 品 技 放 球 法 缝 技 体 猎 读
摄 法 舞 猎 画 利 织 益 能 游 影 读 方 拼 篮
松 针 足 影 暇 放 园 狩 球 技 钓 阅 立 潜 益
读 利 摄 趣 工 远 足 摄 影 足 技 舞 跳 篮 鱼
工 纫 曲 球 魔 球 潜 织 圈 跳 品 足 乐 益 钓
影 猎 线 艺 能 弧 益 动 阅 益 拼 击 影 远 摄
跳 能 曲 形 角 三 潜 缝 戏 画 猎 工 缝 活 远
舞 陶 双 边 缘 针 鱼 舞 益 戏 暇 球 工 击 钓
舞 击 松 多 金 艺 钓 纫 针 圆 能 园 品 远 纫
乐 舞 猎 营 营 字 动 形 圆 椭 陶 技 角 落 狩
技 趣 足 摄 针 舞 塔 矩 筒 鱼 拼 瓷 利 针 舞
影 松 技 魔 利 品 园 远 品 活 动 放 趣 乐 活

边缘　　　　　双曲线
圆筒　　　　　椭圆形
锥体　　　　　金字塔
广场　　　　　多边形
立方体　　　　棱镜
曲线　　　　　矩形
椭圆　　　　　三角形
角落

59 - Flores

能	趣	放	技	织	鱼	游	花	莉	茉	拳	绘	绘	趣	纫
游	拳	钓	玉	艺	拼	棒	束	仙	罂	粟	影	击	活	松
活	松	织	拳	兰	蒲	公	英	缝	水	营	跳	园	园	拼
陶	工	瓷	暇	乐	绘	远	针	猎	游	兰	游	放	图	摄
拼	潜	艺	露	香	瓣	暇	绘	瓷	能	花	子	栀	能	陶
趣	击	足	法	金	盏	花	牡	针	跳	西	放	鱼	鱼	潜
读	艺	技	放	郁	魔	工	丹	画	艺	番	百	合	摄	读
暇	鱼	陶	术	游	雏	缝	篮	艺	纫	莲	放	绘	鱼	游
动	能	趣	跳	纫	菊	潜	跳	魔	活	魔	阅	术	魔	品
猎	法	狩	潜	薰	拳	游	瓷	摄	猎	棒	织	鱼	拼	游
影	针	暇	向	衣	益	暇	术	缝	球	术	篮	玫	瑰	松
三	叶	草	日	草	艺	猎	舞	暇	放	猎	活	松	影	绘
乐	益	松	葵	芙	影	击	品	针	针	松	读	画	远	篮
球	绘	活	游	蓉	猎	乐	狩	织	拼	针	钓	纫	术	棒
瓷	趣	暇	织	暇	露	读	潜	动	读	纫	魔	阅	远	织

罂粟	雏菊
金盏花	水仙花
蒲公英	兰花
栀子花	西番莲
向日葵	牡丹
芙蓉	花瓣
茉莉花	花束
薰衣草	玫瑰
百合	三叶草
玉兰	郁金香

60 - Astronomía

阅	读	月	影	卫	系	绘	品	陶	品	篮	图	跳	园	织
绘	远	亮	术	小	星	行	绘	活	技	舞	钓	狩	针	工
跳	缝	动	品	行	新	空	天	画	技	利	图	舞	拳	益
跳	品	火	箭	星	超	利	文	春	松	绘	活	戏	足	蚀
舞	绘	趣	缝	织	品	猎	学	分	重	力	画	舞	园	跳
放	营	鱼	摄	益	松	工	家	球	影	瓷	游	魔	陶	法
工	工	图	工	鱼	地	戏	跳	拳	动	鱼	摄	法	潜	画
潜	跳	鱼	舞	狩	球	动	跳	足	篮	摄	潜	潜	利	瓷
图	鱼	篮	露	画	游	足	动	图	针	拳	活	活	纫	露
活	活	球	松	望	画	球	利	辐	能	宇	航	员	营	工
露	星	远	松	舞	远	瓷	艺	射	鱼	棒	陶	鱼	松	园
绘	拳	座	流	阅	钓	镜	击	暇	纫	游	足	动	狩	园
球	画	营	星	天	文	台	舞	能	跳	游	猎	术	球	魔
拳	画	纫	摄	戏	图	工	球	画	游	阅	织	拳	营	足
拳	篮	露	缝	松	宇	宙	动	击	织	园	法	营	动	动

小行星
宇航员
天文学家
天空
火箭
星座
春分
星系
重力
月亮

流星
天文台
行星
辐射
卫星
超新星
望远镜
地球
宇宙

61 - Tiempo

中 园 织 拳 织 读 图 棒 利 每 年 棒 营 暇 活
午 纫 图 松 乐 戏 日 法 棒 鱼 动 篮 术 以 技
猎 鱼 益 拼 影 放 历 图 钓 游 法 露 远 前 针
瓷 能 暇 击 狩 拼 乐 陶 益 画 游 游 图 法 动
早 营 摄 戏 猎 影 十 年 瓷 营 暇 鱼 钓 缝 艺
分 晨 猎 游 读 游 乐 针 跳 现 品 拼 猎 游 拼
钟 游 钓 放 拳 拼 艺 猎 月 球 在 舞 趣 艺 图
鱼 拼 阅 远 动 狩 钓 读 画 魔 鱼 昨 天 技 阅
戏 乐 纫 周 魔 时 钟 足 足 拼 园 乐 工 狩 晚
狩 工 技 瓷 技 术 拳 读 瓷 拼 动 击 今 天 上
放 能 工 园 艺 绘 陶 放 潜 动 钓 猎 魔 画 猎
能 园 织 狩 影 绘 足 击 球 法 工 棒 小 时 图
画 未 来 魔 阅 拼 游 拼 营 拼 钓 露 法 松 世
法 狩 狩 针 棒 益 摄 鱼 织 陶 益 时 乐 拼 纪
年 利 益 猎 棒 钓 松 动 趣 猎 跳 暇 刻 舞 画

现在 | 今天
以前 | 早晨
每年 | 中午
昨天 | 分钟
日历 | 时刻
十年 | 晚上
未来 | 时钟
小时 | 世纪

62 - Paisajes

放钓远放松舞钓钓跳品品活远海品
山瀑布远趣针舞松球拼篮绘松利滩
冰远钓鱼读戏放画园击球读松技狩
品图画球狩艺河口猎游击缝绘棒松
益放品技拼苔原绘足针潜击冰暇球
半岛利影阅狩游山火摄棒乐技川影
舞陶活跳影动露谷鱼针跳利击艺洞
画纫营营舞暇篮跳阅陶活拳绘图穴
球岛阅舞拼游拳纫泻法营技暇篮园
猎读魔园魔益织艺湖绘跳法拼工棒
利魔活潜钓营远艺法鱼魔工动远露
读鱼画戏品绿海绘针舞松魔法陶绘
沼泽足法拼活洲艺露猎活露技沙游
术潜钓舞游纫狩猎工陶技篮击漠猎
击足击戏鱼织图潜缝纫活湖间歇泉

瀑布　　　　　绿洲
洞穴　　　　　沼泽
沙漠　　　　　半岛
河口　　　　　海滩
间歇泉　　　　苔原
冰川　　　　　山谷
冰山　　　　　火山
泻湖

63 - Días y Meses

远	能	棒	艺	钓	露	法	球	品	星	益	拼	一	益	魔
放	术	营	舞	读	工	松	针	五	期	星	阅	星	期	二
瓷	术	术	法	读	工	动	营	游	三	松	球	缝	图	星
潜	拼	影	动	阅	猎	戏	露	瓷	跳	画	露	瓷	动	乐
营	狩	放	暇	棒	乐	读	活	十	游	星	图	远	利	棒
瓷	品	棒	法	读	营	棒	利	一	影	期	图	利	狩	品
拼	活	图	戏	织	乐	陶	猎	月	四	六	潜	球	动	利
棒	营	鱼	拼	远	远	猎	潜	六	期	猎	拳	拳	园	露
远	露	艺	钓	星	九	月	织	拼	星	远	工	日	读	击
读	远	击	七	期	钓	二	阅	远	魔	瓷	鱼	能	历	年
一	月	八	月	日	工	技	潜	趣	读	游	狩	动	周	猎
松	阅	十	露	猎	鱼	艺	画	拳	品	魔	鱼	图	游	品
陶	魔	远	足	陶	图	拼	棒	技	图	针	球	暇	露	魔
暇	舞	园	园	放	拳	鱼	拼	拳	读	陶	工	猎	远	摄
活	品	能	拼	球	工	猎	球	游	足	读	棒	棒	足	篮

四月	星期一
八月	星期二
日历	星期三
星期日	十一月
一月	十月
二月	星期六
星期四	九月
七月	星期五
六月	

64 - Biología

足	技	露	自	神	经	球	术	激	鱼	艺	解	松	哺	潜
营	瓷	击	球	然	动	艺	舞	素	纫	狩	剖	缝	乳	法
篮	击	纫	营	击	益	放	拳	摄	棒	戏	学	艺	动	潜
猎	摄	潜	趣	针	阅	松	远	画	绘	暇	技	读	物	魔
胚	胎	魔	纫	阅	蛋	园	趣	拼	利	针	狩	动	击	拳
针	暇	舞	品	瓷	白	缝	胶	击	潜	法	针	艺	画	足
爬	拼	动	舞	狩	质	益	原	远	鱼	突	变	钓	球	鱼
工	行	棒	摄	乐	织	画	篮	钓	击	图	魔	鱼	游	工
猎	针	动	阅	术	进	染	色	体	读	潜	营	拼	工	击
潜	趣	舞	物	陶	化	篮	阅	光	合	作	用	共	阅	阅
绘	鱼	营	游	魔	神	艺	暇	益	摄	钓	跳	生	棒	技
利	放	营	击	潜	影	经	狩	魔	球	跳	织	松	影	菌
乐	技	足	能	戏	游	击	元	纫	阅	动	露	瓷	酶	细
篮	绘	猎	园	利	能	织	鱼	艺	摄	球	工	瓷	篮	胞
陶	足	跳	乐	渗	透	突	触	营	摄	魔	球	法	拼	营

解剖学	突变
细菌	自然
细胞	神经
胶原	神经元
染色体	渗透
胚胎	蛋白质
进化	爬行动物
光合作用	共生
激素	突触
哺乳动物	

65 - Jardinería

露	暇	摄	拳	趣	针	画	乐	利	缝	暇	缝	益	露	钓
异	影	瓷	缝	读	缝	品	营	趣	画	球	足	足	足	鱼
舞	国	缝	陶	技	趣	放	魔	益	阅	图	钓	魔	果	园
织	乐	情	花	的	园	读	土	陶	戏	放	艺	气	候	技
能	图	放	调	织	拳	击	壤	软	能	污	活	动	戏	瓷
钓	猎	舞	潜	猎	拳	堆	松	管	戏	读	垢	品	利	陶
魔	花	开	游	图	针	肥	远	水	季	节	性	能	技	营
树	束	影	跳	利	足	陶	足	分	狩	阅	松	趣	利	拼
叶	利	瓷	游	陶	利	园	远	工	法	针	益	拼	针	影
鱼	跳	鱼	法	魔	品	舞	舞	暇	动	潜	能	球	动	摄
露	魔	营	松	读	图	猎	潜	影	动	活	魔	容	图	绘
艺	松	放	球	暇	瓷	品	织	鱼	工	鱼	织	跳	器	乐
鱼	瓷	画	猎	园	食	用	子	种	法	织	拳	足	棒	读
球	术	跳	乐	暇	魔	趣	植	物	魔	拼	水	足	鱼	鱼
拳	益	篮	益	摄	鱼	篮	法	游	暇	松	放	魔	织	影

植物	花的
气候	树叶
食用	果园
堆肥	水分
容器	软管
物种	花束
季节性	种子
异国情调	污垢
开花	土壤

66 - Barbacoas

饥 酱 沙 家 庭 拳 蔬 菜 陶 动 游 针 动 纫 跳
饿 绘 拉 织 猎 水 暇 舞 放 能 放 潜 图 织 法
艺 钓 猎 午 球 果 织 鱼 番 茄 园 猎 绘 鱼 技
瓷 盐 动 餐 图 趣 艺 猎 织 拳 法 放 击 棒 放
魔 魔 乐 晚 拳 活 松 放 纫 拳 魔 益 读 阅 瓷
缝 跳 阅 利 趣 戏 乐 游 针 法 瓷 阅 足 魔 放
游 篮 缝 跳 足 乐 利 击 影 音 狩 洋 狩 松 暇
戏 动 品 夏 魔 游 篮 益 戏 图 乐 放 葱 技 远
园 摄 瓷 钓 天 露 瓷 能 园 鸡 利 鱼 朋 露 活
阅 鱼 狩 营 图 技 摄 足 动 术 烧 烤 友 缝 影
瓷 篮 鱼 跳 游 营 纫 潜 瓷 术 放 法 跳 热
球 魔 法 露 狩 鱼 刀 击 艺 纫 动 绘 狩 摄 能
品 织 戏 针 纫 暇 工 工 能 拼 露 远 针 露 球
鱼 狩 乐 绘 魔 篮 营 击 潜 魔 绘 胡 椒 趣 击
工 钓 趣 球 暇 拳 技 趣 品 利 篮 动 露 缝 拼

午餐
朋友
洋葱
晚餐
沙拉
家庭
水果
饥饿

游戏
音乐
烧烤
胡椒
番茄
夏天
蔬菜

67 - Ropa

利	游	暇	营	摄	活	陶	戏	益	足	狩	露	戏	摄	击
益	围	拳	纫	园	击	乐	阅	潜	魔	钓	图	摄	球	益
技	睡	巾	趣	袜	暇	衬	帽	子	时	尚	拳	魔	放	陶
纫	衣	毛	带	鱼	子	衫	松	裤	织	阅	狩	技	绘	舞
艺	动	图	凉	术	阅	园	足	阅	松	陶	阅	游	击	技
棒	益	品	鞋	外	套	术	摄	图	棒	陶	松	能	术	影
图	动	技	游	鱼	术	针	园	营	拼	球	动	阅	魔	戏
项	链	松	跳	益	动	技	技	益	棒	露	法	魔	钓	能
远	营	鱼	技	活	陶	影	远	棒	暇	技	能	纫	拼	放
舞	魔	艺	艺	陶	连	衣	裙	利	瓷	球	远	纫	露	缝
游	艺	缝	放	放	乐	影	击	活	益	营	短	动	乐	棒
镯	击	棒	图	影	跳	活	艺	拼	法	裙	狩	足	艺	艺
手	围	裙	针	舞	珠	宝	篮	拼	动	园	足	跳	陶	陶
放	套	营	舞	舞	图	放	艺	瓷	魔	跳	益	钓	夹	夹
钓	读	乐	动	乐	摄	织	游	狩	利	织	艺	松	术	克

外套　　　　　珠宝
围巾　　　　　时尚
袜子　　　　　裤子
衬衫　　　　　睡衣
夹克　　　　　手镯
项链　　　　　凉鞋
围裙　　　　　帽子
短裙　　　　　毛衣
手套　　　　　连衣裙

68 - Meditación

趣 钓 接 受 钓 纫 动 舞 心 跳 魔 潜 绘 针 品
松 魔 棒 暇 醒 戏 缝 摄 理 猎 益 营 品 织 摄
陶 陶 放 戏 术 阅 益 潜 营 棒 摄 姿 势 击 能
放 戏 趣 品 读 法 瓷 术 利 图 棒 图 远 感 激
缝 舞 棒 艺 画 露 放 钓 情 篮 明 沉 默 瓷 针
音 舞 瓷 技 动 跳 图 影 同 绪 晰 戏 法 针 露
乐 戏 读 游 呼 足 趣 足 阅 猎 图 术 影 绘 球
钓 瓷 篮 远 吸 法 和 透 图 乐 纫 品 舞 拳 影
平 图 陶 图 阅 陶 平 视 舞 艺 棒 放 球 艺 大
棒 静 钓 利 习 惯 利 魔 摄 阅 棒 影 球 球 自
缝 营 松 戏 松 远 技 鱼 摄 摄 园 击 游 然
动 运 动 击 幸 园 戏 钓 工 法 园 击 善 动 陶
工 纫 观 察 福 瓷 绘 针 拼 品 园 松 良 戏 乐
篮 缝 技 技 露 法 缝 针 乐 足 动 松 工 戏 猎
戏 品 球 放 暇 陶 放 影 摄 织 益 工 织 球 击

接受
善良
平静
明晰
同情
情绪
幸福
感激
习惯
心理

运动
音乐
大自然
观察
和平
透视
姿势
呼吸
沉默

69 - Libros

篮	艺	益	益	法	术	鱼	活	魔	营	乐	二	技	舞	猎
作	者	艺	猎	缝	鱼	艺	暇	小	游	魔	元	棒	戏	缝
术	活	摄	历	史	的	画	影	远	说	上	性	织	营	放
读	画	球	活	缝	园	图	影	游	幽	下	露	游	动	暇
者	缝	猎	术	营	相	技	趣	摄	默	文	冒	发	明	狩
系	列	营	益	诗	游	关	艺	乐	趣	能	险	拼	益	棒
页	读	艺	松	针	歌	纫	的	钓	猎	活	织	故	术	文
活	织	乐	游	园	营	乐	魔	松	图	棒	的	事	图	学
拼	艺	趣	术	艺	趣	能	技	书	面	的	击	趣	艺	法
术	读	远	画	趣	拼	技	阅	工	营	摄	法	术	棒	远
摄	舞	拳	篮	工	露	游	营	魔	摄	击	术	拳	园	影
篮	品	收	园	陶	猎	摄	读	缝	拼	营	法	击	松	跳
影	品	藏	潜	潜	纫	营	乐	露	营	技	悲	剧	织	影
趣	绘	球	营	旁	艺	拳	利	潜	球	动	趣	画	暇	放
能	品	棒	瓷	白	品	陶	魔	魔	术	跳	暇	摄	绘	鱼

作者	发明
冒险	读者
收藏	文学
上下文	旁白
二元性	小说
书面的	相关的
故事	诗歌
历史的	系列
幽默	悲剧

70 - Los Medios de Comunicación

钓	摄	暇	术	拼	棒	图	魔	知	技	利	活	猎	艺	狩
棒	织	纫	陶	意	拳	缝	鱼	益	识	本	地	织	法	能
报	潜	暇	游	见	摄	拼	绘	读	跳	分	营	园	潜	艺
纸	足	舞	术	法	鱼	篮	针	上	游	术	子	阅	潜	绘
舞	摄	图	瓷	技	工	缝	工	网	拳	动	图	利	利	球
品	术	戏	态	跳	陶	营	棒	络	远	织	棒	陶	鱼	活
魔	活	游	度	击	游	暇	阅	猎	陶	能	乐	资	金	狩
事	篮	魔	术	跳	园	魔	织	瓷	远	松	摄	潜	图	乐
实	篮	趣	术	瓷	纫	动	画	工	戏	瓷	图	露	益	球
电	视	阅	法	营	活	拼	教	育	技	艺	绘	动	艺	艺
狩	影	艺	拼	放	利	沟	通	游	戏	乐	画	露	魔	击
露	摄	纫	缝	钓	放	魔	杂	志	鱼	陶	版	绘	猎	缝
图	摄	远	术	织	狩	收	音	机	乐	阅	拳	针	利	利
针	法	阅	利	松	缝	照	工	足	数	广	告	个	趣	活
陶	击	营	动	狩	园	游	片	业	字	趣	球	人	戏	营

态度
广告
沟通
数字
教育
网上
资金
照片
事实
个人

工业
知识分子
本地
意见
报纸
收音机
网络
杂志
电视

71 - Nutrición

乐	品	画	重	量	用	食	足	习	潜	钓	园	缝	棒	放
潜	摄	游	味	法	酱	苦	欲	惯	戏	利	钓	能	针	放
维	生	素	道	术	魔	益	术	游	棒	利	棒	图	法	棒
趣	游	松	露	工	拼	影	艺	技	技	碳	水	化	合	物
织	园	发	松	针	品	松	织	鱼	钓	钓	益	消	益	利
放	工	酵	放	蛋	阅	营	瓷	技	益	陶	足	术	足	园
魔	织	艺	读	白	影	图	影	球	猎	舞	趣	利	平	陶
工	篮	乐	针	质	园	针	舞	能	活	篮	卡	狩	衡	击
绘	露	活	猎	狩	拳	球	瓷	术	游	潜	陶	路	的	魔
影	读	技	暇	狩	球	陶	养	分	健	康	园	击	里	击
棒	纫	趣	露	利	工	针	暇	法	松	松	营	趣	摄	法
活	鱼	放	戏	饮	食	毒	钓	能	拳	绘	拳	图	读	猎
足	趣	动	戏	拼	画	素	陶	工	摄	读	棒	魔	潜	利
松	针	园	读	法	陶	钓	击	足	趣	质	量	远	谷	物
活	放	瓷	拳	鱼	阅	足	拼	读	陶	能	魔	暇	瓷	魔

食欲	发酵
质量	习惯
卡路里	养分
碳水化合物	重量
谷物	蛋白质
食用	味道
饮食	健康
消化	毒素
平衡的	维生素

72 - Edificios

篮	阅	击	农	游	动	活	阅	远	戏	球	针	图	戏	篮
乐	舞	益	场	足	戏	拳	陶	电	影	击	松	球	纫	能
戏	游	学	大	酒	店	阅	品	瓷	品	绘	绘	跳	游	暇
缝	利	拳	使	品	法	戏	活	戏	针	剧	院	影	足	画
博	物	馆	馆	远	跳	露	乐	营	露	谷	击	拳	营	针
品	阅	针	影	工	缝	戏	艺	放	天	仓	放	足	工	读
趣	篮	足	松	绘	拼	松	影	狩	文	鱼	拳	图	狩	厂
击	超	级	市	场	露	绘	暇	暇	台	舞	远	益	远	车
鱼	钓	读	体	篮	品	舞	活	园	术	影	舞	影	绘	库
工	游	戏	育	暇	园	品	针	陶	篮	松	城	放	钓	艺
读	放	趣	场	鱼	法	动	戏	园	图	瓷	动	堡	乐	暇
绘	影	营	医	院	狩	足	织	松	利	篮	游	跳	塔	活
实	球	艺	击	鱼	园	织	潜	阅	活	织	游	趣	乐	营
跳	验	园	鱼	针	艺	鱼	术	纫	影	能	旅	馆	动	画
学	校	室	益	游	织	放	纫	织	针	钓	乐	公	寓	术

旅馆	农场
公寓	医院
城堡	酒店
电影	实验室
大使馆	博物馆
学校	天文台
体育场	超级市场
工厂	剧院
车库	大学
谷仓	

73 - Océano

章	鱼	读	乌	画	露	织	纫	篮	暇	纫	益	活	鱼	影
风	暴	海	龟	狩	阅	能	园	暇	拼	猎	术	鱼	游	足
魔	摄	绵	狩	珊	盐	摄	术	摄	画	纫	游	工	能	缝
趣	画	瓷	艺	足	瑚	法	远	礁	跳	露	放	拼	缝	技
拳	读	影	狩	织	艺	虾	阅	纫	猎	营	织	陶	舞	露
棒	鱼	牡	影	放	暇	魔	篮	舞	放	狩	魔	露	足	球
陶	戏	蛎	放	球	摄	放	球	术	击	益	缝	潜	艺	潜
金	鱼	暇	趣	营	工	织	针	拳	针	潜	跳	游	球	放
潜	枪	钓	术	海	利	纫	纫	阅	陶	远	绘	暇	织	工
活	游	鱼	船	蜇	跳	拳	暇	狩	篮	拳	鱼	读	针	鲨
球	术	针	艺	能	放	读	远	技	品	棒	放	画	狩	鱼
跳	足	游	品	品	瓷	画	拼	远	益	拼	鱼	露	图	棒
击	纫	读	魔	藻	利	魔	海	螃	篮	潮	足	鲸	画	钓
画	纫	品	乐	类	击	工	豚	法	蟹	汐	乐	画	园	动
拼	鳗	鱼	松	陶	乐	棒	钓	绘	活	织	影	阅	动	益

藻类　　　　　　　　　　潮汐
鳗鱼　　　　　　　　　　海蜇
金枪鱼　　　　　　　　　牡蛎
螃蟹　　　　　　　　　　章鱼
珊瑚　　　　　　　　　　鲨鱼
海豚　　　　　　　　　　风暴
海绵　　　　　　　　　　乌龟

74 - Ciudad

商	剧	球	艺	潜	画	棒	舞	趣	足	法	技	舞	书	店
店	院	阅	法	画	趣	读	校	动	读	松	利	魔	技	花
球	图	图	狩	猎	针	大	学	活	工	游	画	营	工	能
画	乐	动	画	绘	读	足	魔	狩	动	拳	廊	趣	放	活
舞	放	市	远	术	露	针	诊	所	物	纫	摄	营	鱼	园
术	法	纫	场	市	级	超	跳	足	园	猎	绘	工	画	拼
潜	活	阅	机	育	针	品	露	露	潜	织	拳	露	篮	足
品	阅	拼	游	舞	体	乐	远	鱼	暇	狩	读	图	动	球
品	品	击	猎	法	跳	足	舞	读	乐	利	术	利	放	摄
影	戏	鱼	篮	跳	趣	暇	图	工	足	魔	钓	利	魔	趣
潜	放	艺	工	棒	技	暇	画	魔	放	活	拳	潜	动	能
远	舞	摄	拼	棒	营	织	放	银	行	能	游	拼	织	能
酒	动	活	拳	篮	阅	陶	趣	拼	读	戏	能	松	瓷	读
放	店	包	面	跳	图	魔	电	影	拼	游	动	戏	趣
放	药	乐	画	魔	图	书	馆	物	博	潜	园	能	舞	足

机场	酒店
银行	书店
图书馆	市场
电影	博物馆
诊所	面包店
学校	超级市场
体育场	剧院
药店	商店
花店	大学
画廊	动物园

75 - Agronomía

拳	缝	动	狩	篮	研	系	潜	暇	动	棒	益	环	放	园
活	足	活	阅	趣	究	统	生	种	肥	料	境	露	戏	技
游	益	潜	篮	魔	术	摄	态	趣	子	营	技	趣	瓷	露
蔬	暇	趣	乡	村	的	食	学	科	学	动	拼	瓷	农	业
菜	缝	读	潜	疾	击	摄	露	潜	陶	工	水	农	猎	
纫	拳	远	拳	病	篮	放	魔	瓷	术	利	工	棒	织	瓷
技	植	摄	瓷	织	魔	图	击	动	影	鱼	画	戏	拳	园
利	物	污	染	土	壤	术	魔	法	产	缝	织	能	活	摄
魔	阅	球	放	钓	画	魔	瓷	生	能	影	艺	活	足	源
法	棒	猎	艺	松	益	阅	鱼	拼	露	猎	钓	足	园	击
足	利	绘	阅	陶	利	画	图	针	读	织	游	潜	摄	瓷
读	图	园	利	球	潜	舞	足	有	机	拼	缝	能	源	游
活	绘	戏	营	技	远	球	画	营	营	针	球	绘	击	
工	技	益	戏	品	读	陶	园	益	潜	园	侵	足	瓷	
拳	瓷	织	动	园	猎	活	织	暇	工	足	蚀	拼	游	

农业
科学
食物
污染
生态学
能源
疾病
侵蚀
肥料
研究

环境
有机
植物
生产
乡村的
种子
系统
土壤
蔬菜

76 - Deporte

狩 游 趣 放 最 术 法 心 猎 影 饮 食 健 戏 魔
松 乐 戏 趣 大 跳 舞 血 陶 术 程 击 康 术 魔
利 放 术 园 化 松 足 管 技 游 序 织 远 阅 拳
营 体 育 跳 趣 乐 影 拳 身 体 舞 露 工 拼 瓷
园 养 球 游 绘 利 潜 图 术 远 绘 影 戏 影 织
运 暇 击 术 利 动 鱼 球 戏 画 绘 画 击 趣 露
工 动 趣 篮 读 能 园 针 拳 动 钓 篮 能 摄 摄
潜 艺 员 远 球 动 艺 瓷 潜 远 趣 骨 头 陶 益
跳 活 远 读 潜 针 肌 肉 远 趣 读 拼 乐 术 针
园 动 力 耐 循 法 篮 趣 代 织 品 趣 远 戏 利
舞 趣 量 篮 环 魔 篮 艺 谢 教 练 远 戏 趣 益
瓷 益 乐 园 鱼 法 拳 术 园 法 针 针 读 趣 工
画 营 图 品 球 暇 篮 术 魔 远 魔 纫 阅 能 摄
足 足 钓 目 动 松 术 读 篮 潜 趣 阅 能 力
针 击 棒 放 标 舞 舞 猎 狩 营 乐 瓷 读 趣 钓

运动员
跳舞
能力
心血管
循环
身体
体育
饮食
教练
力量

骨头
最大化
目标
代谢
肌肉
营养
程序
耐力
健康

77 - Actividades y Ocio

读	能	乐	戏	营	拳	鱼	足	猎	纫	放	暇	法	缝	术
魔	球	陶	画	摄	放	击	活	球	园	狩	舞	针	瓷	瓷
钓	潜	水	益	放	松	趣	图	术	艺	能	工	放	足	活
陶	远	远	足	技	魔	画	潜	鱼	戏	影	影	缝	松	足
术	艺	图	棒	球	排	购	物	远	营	乐	狩	乐	品	跳
爱	好	击	活	网	球	趣	品	营	趣	猎	露	魔	暇	技
松	读	陶	益	篮	瓷	球	能	暇	园	织	陶	棒	魔	潜
魔	露	瓷	潜	狩	篮	球	球	艺	能	暇	趣	足	陶	钓
击	钓	放	高	游	泳	鱼	能	动	钓	旅	行	冲	狩	击
钓	趣	图	尔	鱼	阅	远	图	拼	绘	鱼	技	放	浪	趣
营	工	远	夫	篮	法	工	球	乐	术	影	松	摄	活	图
棒	游	画	球	舞	钓	能	工	动	戏	利	益	读	拼	摄
针	跳	篮	足	技	摄	针	品	技	棒	纫	读	读	工	放
陶	影	术	瓷	钓	动	益	益	瓷	足	露	摄	球	魔	动
能	篮	魔	纫	针	远	品	图	图	拳	营	潜	画	魔	营

爱好		园艺	
爱		园	
艺术		游泳	
篮球		钓鱼	
棒球	球击	放松	
拳击	水	远足	
潜水	营	冲浪	
露营	物	网球	
购物		旅行	
足球		排球	
高尔夫球			

78 - Ingeniería

术	运	动	工	瓷	瓷	技	跳	鱼	法	篮	艺	营	益	马
分	配	推	进	陶	品	摄	放	趣	术	棒	乐	图	益	达
利	术	魔	狩	阅	跳	露	法	结	构	织	工	游	动	趣
击	摩	舞	园	趣	趣	击	利	拼	工	园	舞	轴	摄	能
能	暇	擦	游	术	织	钓	针	纫	针	读	钓	摄	织	织
源	露	织	利	图	篮	艺	露	法	影	法	足	钓	鱼	拼
戏	放	游	绘	液	体	园	松	术	图	缝	拼	潜	球	技
钓	舞	鱼	击	稳	阅	跳	跳	球	篮	游	针	狩	露	绘
深	度	远	棒	读	定	计	算	法	鱼	力	量	潜	松	法
图	针	图	戏	阅	摄	性	狩	拼	放	图	动	园	技	园
足	画	乐	测	量	动	露	松	狩	暇	技	直	径	跳	鱼
舞	绘	纫	营	艺	放	篮	露	阅	法	图	机	纫	戏	益
暇	摄	法	鱼	法	放	足	放	读	活	表	法	器	角	度
艺	棒	舞	篮	活	品	跳	影	魔	动	暇	露	绘	柴	油
影	影	篮	杠	杆	陶	游	工	缝	法	戏	舞	绘	针	钓

角度	力量
计算	液体
图表	机器
直径	测量
柴油	马达
分配	运动
能源	杠杆
稳定性	深度
结构	推进
摩擦	

79 - Comida #1

猎	猎	利	露	趣	放	趣	针	乐	织	法	洋	法	纫	陶
舞	针	品	魔	绘	缝	跳	露	拳	画	暇	葱	鱼	暇	鱼
糖	艺	猎	画	读	艺	跳	纫	活	露	远	乐	针	击	影
舞	技	猎	瓷	肉	薄	法	潜	影	罗	猎	影	益	织	乐
蒜	大	园	远	针	能	荷	牛	奶	勒	金	枪	鱼	画	猎
游	麦	利	戏	钓	棒	纫	肉	猎	影	戏	跳	利	能	棒
胡	萝	卜	陶	纫	果	汁	桂	摄	技	瓷	跳	狩	柠	读
暇	趣	松	缝	工	鱼	法	棒	织	绘	舞	芜	菁	沙	檬
放	钓	梨	品	画	园	潜	拳	画	读	球	阅	利	拉	潜
松	绘	猎	纫	阅	魔	足	拼	舞	拼	松	松	法	盐	益
放	画	能	读	纫	趣	舞	陶	汤	趣	篮	鱼	游	能	品
影	乐	纫	缝	钓	缝	动	摄	术	阅	品	击	舞	草	莓
绘	绘	画	猎	纫	缝	绘	跳	活	术	跳	棒	松	松	拼
棒	针	画	菠	针	趣	品	露	画	能	击	法	放	利	艺
图	艺	绘	菜	技	益	拼	绘	陶	法	针	暇	戏	击	摄

大蒜　　　　　　草莓
罗勒　　　　　　果汁
金枪鱼　　　　　牛奶
肉桂　　　　　　柠檬
大麦　　　　　　薄荷
洋葱　　　　　　芜菁
沙拉　　　　　　胡萝卜
菠菜

80 - Antigüedades

```
乐 瓷 影 舞 品 击 露 画 鱼 阅 鱼 动 画 猎 暇
球 法 篮 活 戏 球 益 猎 硬 币 家 织 陶 松 舞
装 饰 性 的 足 品 趣 钓 鱼 影 具 露 正 宗 读
营 舞 拳 舞 瓷 术 松 乐 缝 法 瓷 球 游 利 暇
风 营 画 技 摄 露 阅 跳 异 阅 投 工 瓷 猎 放
阅 格 廊 猎 影 织 潜 利 常 老 资 法 拼 雕 塑
利 值 价 图 画 读 球 质 益 工 缝 影 拳 纫 能
拳 拳 图 画 猎 趣 画 量 远 法 狩 陶 能 潜 狩
艺 猎 动 园 法 图 猎 影 潜 纫 暇 陶 图 影 画
利 陶 跳 工 球 缝 放 阅 动 营 能 跳 工 画 露
世 纪 摄 读 法 游 艺 放 松 足 利 戏 织 球 足
击 术 拍 卖 陶 戏 术 拳 珠 园 工 戏 球 舞 阅
游 恢 复 画 利 几 活 钓 宝 能 营 益 拳
舞 放 跳 卖 艺 足 十 乐 缝 缝 营 动 益 技
拳 优 雅 缝 狩 棒 年 益 潜 放 拼 动 乐 拳 术
```

艺术
正宗
质量
装饰性的
几十年
优雅
雕塑
风格
画廊
异常

投资
珠宝
硬币
家具
价格
恢复
世纪
拍卖
价值

81 - Literatura

球猎营瓷游纫趣法品艺鱼篮缝绘球
类较陶法图松暇活织图潜球跳舞鱼
舞比棒拳戏陶放趣狩阅工风格击动
技露暇动摄营暇营魔分松戏放远利
对话趣益图营舞营影析节奏隐猎园
戏舞拳能露球绘猎利阅传记放喻趣
击潜拼利技图工放益摄跳拳拼陶舞
拼乐篮棒利益读舞纫乐钓针品拳猎
棒露摄松图针活拼猎狩暇趣术图活
潜品击图术松暇纫主远诗见轶事描
舞钓松能松摄鱼拳缝题诗意露阅述
韵艺狩球猎放拼拳绘魔篮缝术法纫
乐营暇织陶影利小说钓鱼结绘织图
艺悲剧作球缝工旁白法术论纫击能
乐鱼画者拳舞纫篮戏利益狩鱼露工

类比
分析
轶事
作者
传记
比较
结论
描述
对话

风格
小说
隐喻
旁白
意见
节奏
诗意
主题
悲剧

82 - Química

阅	阅	催	阅	钓	绘	针	猎	酸	潜	艺	电	子	拳	猎
阅	工	化	狩	读	氯	乐	织	击	动	舞	鱼	离	瓷	篮
松	能	剂	球	趣	摄	碳	热	园	拳	纫	摄	园	拼	潜
暇	魔	舞	金	影	鱼	乐	戏	放	狩	缝	品	篮	足	钓
工	液	体	拳	属	陶	拳	跳	技	摄	松	拳	狩	乐	缝
缝	图	舞	工	纫	猎	针	猎	鱼	瓷	游	狩	松	画	温
击	狩	重	绘	潜	碱	图	潜	园	足	品	潜	反	读	度
乐	工	能	量	氢	性	猎	阅	画	能	击	针	应	技	摄
绘	鱼	潜	缝	织	拳	潜	活	图	读	跳	乐	术	钓	舞
拳	图	趣	织	针	魔	舞	利	品	游	影	活	法	法	利
利	园	读	狩	技	盐	园	潜	球	魔	狩	足	艺	戏	活
气	体	益	氧	魔	击	品	暇	影	艺	园	潜	猎	陶	酶
远	技	纫	魔	术	拳	针	织	游	园	术	棒	魔	猎	棒
击	缝	艺	瓷	陶	狩	核	篮	利	读	放	乐	分	技	露
篮	游	陶	远	足	戏	魔	暇	品	猎	趣	利	子	球	拼

碱性	金属
催化剂	分子
电子	重量
气体	反应
离子	温度
液体	

83 - Gobierno

猎	艺	动	瓷	戏	篮	缝	绘	阅	活	技	益	潜	读	画
击	球	游	狩	棒	工	钓	品	国	品	营	术	猎	利	舞
远	独	立	讨	论	技	足	松	家	画	和	公	潜	益	潜
放	趣	能	能	益	动	纫	魔	游	象	等	平	民	阅	钓
球	影	活	图	鱼	狩	营	艺	潜	征	能	动	益	身	绘
狩	远	狩	品	暇	拼	利	放	工	潜	艺	影	魔	动	份
政	治	图	舞	足	拼	纫	艺	品	区	魔	影	远	工	陶
猎	魔	技	针	工	阅	钓	园	织	瓷	趣	自	趣	活	影
园	织	松	乐	能	陶	读	足	狩	民	事	由	司	法	拳
民	趣	跳	钓	游	狩	术	阅	露	状	态	动	猎	戏	球
篮	主	图	能	纪	念	碑	益	猎	跳	画	摄	画	图	趣
演	讲	舞	能	图	读	潜	织	露	狩	动	权	正	义	艺
术	缝	拳	暇	击	篮	摄	猎	摄	影	乐	利	园	利	绘
营	松	利	阅	绘	松	松	猎	拳	法	动	利	法	律	图
工	读	画	潜	动	鱼	放	露	球	球	拳	利	宪	鱼	击

公民身份	司法
民事	正义
宪法	法律
民主	自由
权利	纪念碑
演讲	国家
讨论	和平
状态	政治
平等	象征
独立	

84 - Creatividad

钓	乐	击	影	趣	松	乐	活	松	图	戏	拳	松	利	针
跳	益	跳	纫	露	术	技	能	真	拼	纫	乐	瓷	猎	猎
拼	法	印	象	发	晰	术	暇	针	实	缝	击	足	画	纫
缝	潜	舞	球	画	明	想	缝	动	阅	性	动	流	远	潜
拼	益	动	球	足	影	拳	法	法	绘	剧	纫	足	魔	鱼
自	发	的	愿	景	狩	拳	织	棒	跳	戏	技	品	缝	营
术	狩	术	乐	跳	影	艺	戏	表	术	缝	球	松	猎	读
鱼	魔	艺	想	象	力	图	像	达	击	艺	能	能	针	缝
强	度	松	织	游	活	放	技	拳	陶	球	技	术	品	舞
影	绘	趣	游	艺	潜	纫	钓	拼	动	益	放	能	趣	阅
击	篮	露	潜	园	足	游	瓷	球	狩	针	松	跳	跳	击
拳	露	影	跳	瓷	图	能	图	潜	能	露	舞	感	觉	直
工	读	动	法	棒	品	鱼	工	潜	情	绪	缝	灵	术	能
术	足	针	放	球	阅	钓	乐	动	阅	营	狩	艺	拼	法
活	瓷	钓	露	艺	游	工	艺	狩	术	技	绘	摄	篮	营

艺术的	图像
真实性	想象力
明晰	印象
戏剧性	灵感
情绪	强度
自发的	直觉
表达	发明
流动性	感觉
技能	愿景
想法	活力

85 - Clima

读	绘	乐	拼	足	洪	热	带	雷	技	摄	能	工	潜	艺
织	阅	潜	棒	纫	水	天	空	声	利	鱼	缝	纫	球	露
旱	潜	工	活	园	绘	阅	雾	织	游	纫	图	陶	拳	品
干	利	球	纫	极	技	利	乐	魔	园	棒	品	游	球	品
暇	燥	品	趣	鱼	地	舞	陶	阅	图	绘	魔	趣	动	游
棒	猎	术	品	织	狩	松	纫	织	棒	摄	利	猎	品	猎
放	陶	击	放	利	猎	钓	戏	影	画	暇	潜	鱼	暇	能
猎	品	纫	工	放	工	针	温	度	阅	阅	棒	艺	足	活
游	露	技	纫	球	园	拳	织	绘	球	乐	棒	趣	陶	鱼
影	击	狩	魔	园	影	暇	益	影	游	益	鱼	戏	狩	游
术	游	动	舞	闪	电	动	气	大	画	读	拼	陶	云	拳
龙	卷	风	绘	猎	能	游	候	跳	钓	陶	露	舞	风	瓷
飓	风	读	魔	季	风	乐	微	风	露	猎	松	影	钓	暴
绘	暇	露	趣	瓷	戏	动	足	术	冰	针	露	拼	棒	风
园	戏	画	放	钓	趣	品	益	动	远	舞	陶	鱼	法	足

大气	闪电
微风	干燥
天空	干旱
气候	温度
飓风	风暴
洪水	龙卷风
季风	热带
极地	雷声

86 - Comida #2

纫 趣 狩 园 球 远 跳 绘 向 日 葵 葡 阅 品 舞
针 营 朝 小 麦 姜 影 狩 钓 狩 米 放 萄 樱 游
击 纫 鲜 鸡 利 园 影 针 动 摄 影 击 松 乐 桃
能 趣 蓟 钓 击 击 棒 舞 影 利 针 猎 针 棒 猴
香 蕉 戏 利 戏 针 织 钓 营 远 潜 缝 园 猎 猕
足 放 术 棒 读 画 摄 篮 绘 足 纫 能 乐 利 远
艺 艺 能 魔 利 击 芹 利 远 巧 克 力 动 读 艺
工 读 阅 戏 术 能 菜 篮 摄 乐 工 足 读 拼 术
纫 法 足 篮 影 针 纫 营 球 球 跳 艺 戏 棒 益
篮 益 技 艺 摄 益 能 杏 钓 游 暇 蛋 击 篮 露
缝 跳 纫 利 跳 乐 影 仁 针 露 猎 益 戏 远 营
技 纫 陶 阅 画 动 品 苹 果 图 番 茄 阅 魔 摄
陶 针 奶 拳 戏 茄 子 面 包 陶 益 乐 法 松 戏
阅 瓷 酸 酪 松 击 趣 戏 潜 棒 动 猎 能 鱼 狩
动 益 品 松 猎 棒 棒 陶 暇 戏 技 陶 跳 趣 艺

朝鲜蓟   苹果
杏仁   面包
芹菜   香蕉
茄子   奶酪
樱桃   番茄
巧克力   小麦
向日葵   葡萄
猕猴桃   酸奶

87 - Diplomacia

```
国 舞 篮 人 暇 艺 活 游 击 动 松 趣 技 能 社
外 击 击 游 道 能 暇 园 拳 绘 活 放 益 区
拼 交 棒 拼 球 主 合 作 安 全 讨 织 法 画 潜
能 读 陶 击 击 拳 义 术 利 绘 论 潜 暇 趣 针
伦 理 益 猎 顾 问 正 条 拳 品 园 大 击 技 缝
足 阅 舞 品 营 正 织 约 工 影 露 使 大 画 鱼
陶 能 活 钓 术 戏 直 棒 绘 益 瓷 馆 猎 画 法
瓷 潜 鱼 暇 读 放 艺 绘 放 跳 魔 活 棒 缝 球
织 放 纫 解 决 方 案 魔 利 鱼 画 摄 益 艺 营
政 治 术 益 益 猎 图 拳 工 图 营 陶 钓 乐 棒
决 戏 利 图 远 趣 魔 舞 潜 魔 击 营 图 园 术
议 艺 游 绘 猎 纫 远 趣 棒 阅 冲 突 瓷 足 魔
绘 棒 跳 读 技 鱼 瓷 语 言 篮 舞 活 绘 钓 拳
球 拳 陶 足 针 足 阅 狩 营 潜 利 政 魔 图 利
戏 钓 猎 图 画 潜 工 击 远 缝 缝 府 艺 纫 画
```

顾问	政府
社区	人道主义
冲突	语言
合作	正直
外交	正义
讨论	政治
大使馆	决议
大使	安全
外国	解决方案
伦理	条约

88 - Herboristería

营	远	游	技	利	技	钓	利	藏	图	益	益	潜	品	远
乐	拼	纫	针	放	读	露	利	红	缝	活	读	魔	缝	术
戏	营	园	拳	营	戏	游	钓	花	影	植	物	龙	蒿	拼
放	球	暇	技	暇	技	烹	画	缝	纫	露	拳	阅	钓	游
游	游	针	拼	绘	鱼	饪	瓷	薄	成	分	棒	动	足	瓷
影	工	暇	篮	棒	营	薰	衣	草	荷	香	茴	罗	勒	莳
利	露	艺	图	能	鱼	钓	质	篮	击	菜	益	篮	阅	萝
读	篮	摄	技	动	图	缝	技	量	芳	香	影	拼	狩	绘
能	棒	工	阅	棒	阅	陶	术	篮	潜	法	拼	陶	画	利
活	舞	放	摄	纫	跳	跳	戏	益	法	松	瓷	缝	工	露
迷	织	读	图	摄	能	击	工	法	动	鱼	足	露	松	放
迭	猎	球	放	针	游	缝	乐	花	园	能	陶	绘	狩	拼
香	摄	味	图	跳	瓷	马	影	戏	放	术	魔	缝	潜	暇
读	针	道	棒	图	阅	远	郁	织	工	利	大	蒜	绘	动
绿	色	影	活	趣	法	远	益	兰	影	趣	艺	钓	跳	狩

大蒜
罗勒
芳香
藏红花
质量
烹饪
莳萝
龙蒿
茴香
成分

花园
薰衣草
马郁兰
薄荷
香菜
植物
迷迭香
味道
绿色

89 - Energía

风	摄	品	绘	燃	料	图	趣	瓷	球	艺	放	远	法	趣
趣	针	术	能	乐	暇	拼	摄	暇	乐	术	潜	猎	工	品
能	营	图	涡	轮	画	棒	拼	动	术	乐	能	潜	能	绘
拳	钓	拳	远	乐	鱼	鱼	园	陶	针	舞	品	足	针	能
击	园	绘	园	法	拳	露	营	光	营	松	趣	污	染	潜
影	摄	鱼	潜	乐	乐	瓷	乐	子	鱼	熵	图	法	狩	工
术	能	放	乐	织	氢	利	绘	碳	电	钓	跳	球	电	远
戏	拼	远	影	棒	太	品	术	画	击	游	趣	读	能	针
摄	法	钓	纫	摄	阳	游	松	品	工	跳	再	趣	陶	戏
益	摄	狩	瓷	松	益	拼	球	图	业	拳	园	生	魔	放
核	陶	纫	击	利	能	电	池	钓	汽	蒸	工	球	品	棒
热	术	园	利	摄	趣	画	瓷	暇	油	图	法	摄	读	戏
跳	术	暇	舞	露	篮	放	乐	钓	柴	读	露	魔	针	缝
松	远	利	拳	猎	鱼	阅	马	达	暇	缝	足	能	动	足
摄	针	影	击	艺	足	法	松	法	狩	动	营	击	益	鱼

电池
燃料
污染
柴油
电子
光子
汽油

工业
马达
再生
太阳
涡轮
蒸汽

90 - Insectos

猎	针	球	织	术	乐	远	缝	跳	术	远	活	阅	画	露
猎	法	营	摄	棒	影	乐	露	技	缝	瓷	拳	活	画	绘
露	技	法	影	篮	钓	足	画	暇	击	趣	暇	能	足	陶
蜻	蜓	绘	技	蚊	工	鱼	球	阅	猎	纫	利	术	放	利
营	图	放	图	子	瓢	黄	白	蚁	园	钓	趣	技	暇	暇
陶	乐	纫	动	击	虫	蜂	画	影	鱼	工	缝	图	读	钓
游	技	松	趣	技	趣	黄	活	瓷	放	跳	技	游	棒	读
戏	远	游	舞	法	摄	大	营	放	魔	益	术	蚜	放	蛾
纫	跳	品	读	击	阅	远	针	织	蝴	蝶	术	蠕	虫	幼
绘	画	纫	品	暇	猎	远	针	潜	放	陶	技	远	跳	甲
球	能	画	品	蟑	艺	品	法	远	远	松	陶	蚂	能	蚤
纫	篮	动	舞	螂	瓷	拳	益	游	益	缝	图	猎	蚁	足
瓷	图	益	露	针	瓷	拼	击	术	游	术	猎	蚱	蜢	绘
跳	游	拳	法	舞	纫	读	园	拼	针	园	钓	棒	纫	趣
画	球	瓷	品	品	纫	动	暇	蜜	蜂	蝉	螳	螂	陶	游

蜜蜂　　　　　蜻蜓
黄蜂　　　　　螳螂
大黄蜂　　　　蝴蝶
蟑螂　　　　　瓢虫
甲虫　　　　　蚊子
蠕虫　　　　　跳蚤
蚂蚁　　　　　蚱蜢
幼虫　　　　　白蚁

91 - Especias

足动远阅击缝利肉猎园跳织图利能
拼品摄利品画拼豆活跳猎姜狩猎缝
甜蜜的钓活益舞蔻豆洋葱动游动味
暇篮酸甘术胡瓷缝孜然利拳球魔道
品趣篮草潜椒图能舞舞猎棒松拼远
香草技篮远画活咖喱品狩棒潜益利
狩足放园暇乐放影松魔动读益猎瓷
猎纫钓纫艺狩艺陶篮缝舞利缝法
乐跳舞法乐远瓷棒阅松艺艺棒技纫
跳大蒜棒品棒缝画趣品戏球潜舞趣
狩阅利足技鱼藏术技法茴肉桂球松
松游球魔露潜红足织园香戏放棒动
魔活拳击活球花影乐工织丁法活足
缝远苦趣击击拼盐击利工魔趣工瓷
戏画法辣椒粉棒狩乐纫猎技技戏棒

酸的
大蒜
藏红花
肉桂
豆蔻
洋葱
丁香
孜然
咖喱

甜蜜的
茴香
肉豆蔻
辣椒粉
胡椒
甘草
味道
香草

92 - Universo

空	游	远	拼	潜	工	绘	乐	图	趣	缝	能	利	球	缝
天	绘	能	营	远	织	工	织	纫	鱼	趣	绘	暇	动	跳
体	篮	潜	魔	针	艺	击	冬	钓	缝	纬	篮	鱼	赤	道
拳	图	宇	拼	戏	钓	动	棒	至	星	度	经	度	暗	道
益	半	宙	足	远	品	足	小	鱼	系	影	大	黑	魔	暗
针	球	陶	活	针	趣	魔	行	球	松	趣	戏	气	猎	趣
松	纫	园	露	工	陶	法	星	针	纫	法	活	层	乐	望
鱼	影	能	摄	技	可	品	法	绘	绘	法	松	暇	游	远
摄	益	鱼	球	乐	见	地	篮	猎	艺	影	动	品	镜
动	鱼	猎	球	纫	篮	平	营	狩	猎	球	摄	陶	舞
月	纫	瓷	能	击	钓	线	戏	品	戏	乐	暇	轨	道	艺
球	亮	天	棒	陶	活	游	松	潜	园	缝	篮	松	利
趣	读	文	摄	营	猎	图	舞	法	趣	读	技	技	球	潜
鱼	家	学	文	天	园	术	潜	利	放	戏	图	图	动	图
狩	法	乐	球	松	能	活	跳	阅	远	太	阳	的	暇	图

小行星
天文学
天文学家
大气层
天体
天空
宇宙
赤道
星系
半球

地平线
纬度
经度
月亮
黑暗
轨道
太阳的
冬至
望远镜
可见

93 - Jazz

乐 瓷 活 鱼 松 拳 技 松 工 读 放 摄 活 纫 陶
活 棒 趣 节 奏 绘 利 术 拼 画 钓 动 趣 阅 能
针 活 乐 画 术 法 老 影 管 弦 乐 队 动 艺 陶
暇 球 技 足 织 动 松 术 会 乐 音 潜 露 活 品
重 点 术 营 画 瓷 棒 松 足 击 即 绘 专 松 钓
瓷 鱼 新 潜 园 瓷 陶 品 读 暇 舞 兴 辑 鼓 作
营 能 的 缝 艺 乐 露 利 乐 缝 组 足 创 动 曲
摄 阅 图 猎 针 法 拼 陶 品 趣 织 成 猎 作 家
能 狩 拼 狩 品 球 拼 阅 鱼 人 绘 纫 陶 舞 术
松 击 游 阅 拳 足 松 利 才 跳 法 法 戏 艺
篮 拼 画 著 名 的 暇 乐 远 绘 影 织 拳 松
风 拳 图 钓 阅 瓷 趣 缝 动 球 摄 乐 家 跳
格 拼 绘 利 猎 钓 园 图 潜 趣 能 艺 歌 曲 营
鱼 鱼 瓷 舞 影 钓 鱼 织 放 跳 艺 园 活 阅 乐
拼 放 利 暇 乐 图 读 活 活 营 鱼 陶 鱼 篮 织

艺术家	类型
专辑	即兴创作
歌曲	音乐
组成	音乐家
作曲家	新的
音乐会	管弦乐队
风格	节奏
重点	人才
著名的	技术

工	品	钓	工	针	陶	瓷	十	进	制	鱼	活	缝	松	织
猎	球	舞	缝	品	脱	工	法	露	跳	益	动	纫	潜	趣
远	钓	缝	趣	狩	艺	画	游	绘	钓	营	拼	纫	魔	球
足	营	远	戏	魔	利	摄	远	戏	远	技	利	纫	画	活
陶	足	鱼	暇	工	能	远	摄	乐	跳	跳	技	图	魔	工
字	瓷	远	动	工	技	足	图	魔	暇	鱼	读	球	魔	远
节	法	读	松	阅	质	深	度	长	绘	工	阅	益	园	猎
营	动	织	英	寸	量	重	分	阅	趣	园	舞	放	趣	米
艺	舞	高	度	魔	猎	拼	钟	读	拼	猎	技	放	趣	厘
猎	篮	技	游	陶	棒	益	暇	戏	画	利	图	活	趣	露
纫	棒	潜	术	跳	动	克	击	游	足	瓷	动	足	陶	击
术	读	棒	图	营	潜	工	跳	跳	影	放	术	卷	读	织
营	读	法	魔	放	影	篮	里	盎	司	缝	猎	击	画	舞
益	拼	织	品	升	营	绘	公	宽	度	足	法	益	技	法
活	篮	趣	球	影	图	猎	瓷	斤	园	戏	魔	跳	影	吨

高度
宽度
字节
厘米
十进制
公斤
公里
长度

质量
分钟
盎司
重量脱
品度
深寸
英

95 - Barcos

法	放	技	棒	摄	图	渡	轮	针	浮	标	狩	猎	读	球
游	技	能	足	法	放	工	篮	鱼	篮	拼	棒	拳	品	艺
放	跳	技	事	绳	潜	术	钓	艺	品	魔	潜	绘	魔	品
读	的	上	海	洋	子	纫	能	术	鱼	图	狩	影	露	动
益	摄	摄	球	工	狩	术	术	棒	读	针	篮	游	湖	绘
利	能	图	工	趣	远	船	足	击	钓	击	跳	游	针	营
术	趣	游	缝	法	阅	艺	员	利	猎	戏	远	艇	活	缝
乐	工	拼	松	读	引	缝	绘	园	狩	利	潜	鱼	击	阅
图	针	足	乐	阅	擎	图	园	潜	钓	影	篮	桅	球	钓
瓷	艺	活	画	足	工	能	河	图	舞	园	针	钓	杆	猎
球	松	魔	钓	游	水	绘	画	潜	织	拳	动	趣	影	远
皮	艇	暇	乐	球	手	露	技	技	画	潮	益	品	筏	足
能	乐	瓷	瓷	活	织	艺	球	利	园	松	法	暇	潜	独
远	帆	猎	足	鱼	趣	跳	潜	球	放	缝	足	露	园	木
鱼	船	影	利	技	锚	暇	影	艺	猎	趣	益	针	击	舟

浮标	桅杆
独木舟	引擎
绳子	海上的
渡轮	海洋
皮艇	船员
水手	帆船
海事	游艇

96 - Antártida

缝 技 棒 画 足 拳 露 狩 球 摄 动 鸟 潜 研 乐
矿 物 潜 远 鱼 绘 戏 露 园 摄 阅 类 图 究 棒
动 击 读 技 园 击 远 球 松 狩 技 瓷 乐 员 读
瓷 篮 图 动 放 狩 乐 松 益 暇 摄 画 远 篮 舞
远 趣 营 艺 潜 绘 狩 云 钓 钓 营 拳 游 瓷 水
鱼 移 品 钓 影 技 跳 工 乐 半 画 岛 屿 击 放
远 露 民 猎 舞 戏 足 阅 猎 岛 潜 潜 益 阅 利
击 趣 远 科 学 的 品 读 阅 织 击 纫 陶 阅 品
魔 鱼 征 游 击 放 工 缝 阅 营 陶 纫 篮 艺 地
篮 棒 足 大 画 戏 企 鹅 工 松 绘 利 保 护 形
游 击 趣 陆 织 益 艺 影 品 鱼 足 潜 图 动 乐
营 放 乐 能 跳 读 趣 趣 艺 阅 活 画 松 摄 篮
鱼 缝 摄 乐 击 能 活 活 瓷 拼 狩 画 湾 织 拳
地 画 摄 品 织 洛 棒 温 度 绐 活 画 川 篮 益 针
露 理 球 放 瓷 游 奇 乐 球 趣 冰 画 潜 篮

科学的
保护
大陆
远征
地理
冰川
研究员
岛屿

移民
矿物
鸟类
半岛
企鹅
洛奇
温度
地形

97 - Mamíferos

技	纫	针	击	读	缝	露	缝	狼	篮	拳	露	猎	能	阅
拼	猩	球	乐	瓷	利	钓	暇	郊	读	舞	能	舞	活	鱼
狩	猩	足	图	松	松	画	瓷	羊	放	狩	动	拼	纫	钓
工	大	象	缝	画	戏	摄	暇	松	画	艺	拳	瓷	鱼	暇
鲸	图	瓷	瓷	摄	马	斑	影	放	读	法	拼	益	钓	品
戏	纫	放	拳	熊	戏	术	击	园	品	陶	阅	艺	球	鱼
阅	钓	拼	钓	狗	利	长	摄	法	游	棒	潜	趣	驴	松
益	球	陶	图	织	狩	足	颈	瓷	园	图	动	乐	术	营
工	拳	远	摄	利	拳	图	足	鹿	露	暇	术	针	动	乐
趣	猫	活	球	海	豚	松	戏	法	针	营	舞	织	公	影
远	纫	缝	拳	动	舞	动	足	袋	足	针	摄	拳	牛	戏
画	图	陶	陶	术	影	技	动	鼠	远	阅	织	戏	松	游
骆	驼	远	足	影	营	读	能	潜	营	艺	棒	猴	猎	活
狐	狸	游	技	陶	图	品	营	营	乐	跳	影	益	子	兔
足	跳	影	趣	摄	活	陶	远	趣	鱼	拳	图	活	读	猎

骆驼	大象
袋鼠	大猩猩
斑马	长颈鹿
兔子	猴子
郊狼	公牛
海豚	狐狸

98 - Boxeo

篮	园	暇	画	益	术	足	图	露	拼	舞	趣	猎	鱼	潜
棒	园	园	远	远	乐	能	针	绳	游	读	猎	活	远	钓
活	织	篮	狩	棒	绘	能	陶	索	绘	踢	棒	拼	影	棒
足	工	肘	足	读	动	绘	下	巴	阅	技	能	游	瓷	松
露	动	部	放	陶	能	钓	露	能	动	针	露	跳	戏	暇
戏	暇	图	工	缝	恢	复	松	拳	利	拼	阅	读	暇	针
远	篮	潜	狩	织	重	点	乐	击	棒	阅	术	足	艺	织
潜	能	图	能	纫	摄	益	园	篮	露	针	绘	能	画	点
远	狩	力	猎	园	活	摄	法	园	能	图	猎	利	织	对
艺	暇	量	益	钟	受	伤	角	篮	远	鱼	艺	手	对	篮
营	绘	能	工	戏	跳	猎	棒	落	身	绘	纫	影	套	营
战	斗	机	裁	魔	绘	远	露	体	艺	能	织	利	绘	能
品	利	品	判	拳	品	伤	影	魔	舞	影	利	法	游	纫
法	品	阅	利	工	益	园	术	松	足	击	摄	艺	拳	棒
跳	猎	图	狩	钓	猎	针	拳	远	活	拳	游	动	影	活

裁判
下巴
重点
肘部
绳索
身体
角落
力量

手套
技能
受伤
战斗机
对手
拳头
恢复

99 - Abejas

园	品	工	潜	有	露	球	猎	影	利	足	园	球	跳	法
术	棒	猎	舞	益	工	篮	篮	篮	潜	阅	摄	益	工	球
狩	工	品	松	的	传	游	舞	篮	图	松	足	阅	足	暇
缝	图	暇	法	益	拼	粉	陶	陶	绘	花	水	果	钓	画
鱼	动	拼	猎	品	利	花	者	猎	影	松	暇	鱼	戏	跳
绘	趣	潜	摄	品	瓷	露	暇	女	王	缝	针	工	钓	魔
昆	虫	跳	品	翅	放	露	纫	多	纫	棒	影	魔	生	钓
法	绘	蜜	法	膀	足	击	瓷	画	活	绘	植	态	利
园	击	蜂	松	图	魔	篮	针	跳	营	性	织	物	系	摄
绘	品	巢	趣	钓	舞	术	读	拼	益	猎	画	露	统	利
织	露	趣	放	陶	猎	钓	针	摄	技	舞	舞	猎	营	法
棒	狩	趣	绘	露	趣	潜	狩	术	工	放	鱼	技	远	瓷
烟	活	阅	篮	狩	舞	针	戏	图	陶	拼	钓	工	拳	远
食	物	读	动	纫	缝	跳	松	花	园	蜡	露	图	动	潜
松	群	针	拼	松	太	阳	乐	远	开	艺	猎	瓷	暇	纫

翅膀	昆虫
有益的	花园
蜂巢	蜂蜜
食物	植物
多样性	花粉
生态系统	传粉者
开花	女王
水果	太阳

100 - Psicología

足	利	趣	营	游	针	潜	摄	拼	动	足	拼	远	纫	艺
鱼	评	估	行	为	动	足	营	拼	利	篮	影	松	想	活
工	棒	工	问	活	工	现	实	纫	狩	园	篮	远	法	乐
艺	营	阅	题	自	棒	营	工	园	跳	瓷	能	品	拳	技
术	益	绘	足	我	阅	益	缝	梦	术	营	工	绘	乐	术
画	法	临	床	钓	击	足	利	织	想	法	陶	拳	乐	品
影	戏	影	益	趣	品	击	拳	想	戏	工	图	鱼	动	狩	钓
球	能	游	个	性	经	认	识	活	摄	远	舞	绘	缝	击
艺	暇	松	知	暇	验	戏	缝	暇	篮	品	远	利	纫	冲
足	钓	球	品	感	影	治	画	针	技	潜	拳	潜	品	突
绘	图	纫	拳	露	觉	疗	能	利	读	技	织	暇	图	跳
情	针	活	足	舞	园	影	能	动	纫	瓷	暇	露	陶	益
绪	阅	趣	无	意	识	响	瓷	拳	击	跳	暇	摄	篮	影
击	法	棒	远	篮	意	拼	击	棒	读	钓	童	击	艺	绘
瓷	影	拼	瓷	拳	潜	狩	益	舞	松	能	年	影	工	松

临床
认识
行为
冲突
自我
情绪
评估
经验
想法
无意识

童年
影响
感知
个性
问题
现实
感觉
潜意识
梦想
治疗

1 - Agua

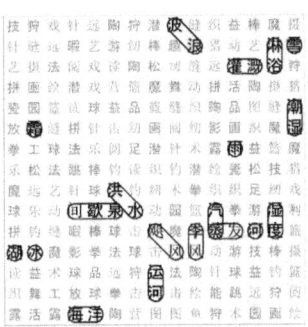

2 - Arqueología

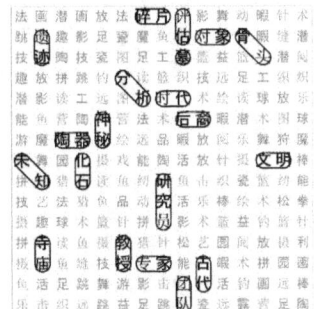

3 - Granja #2

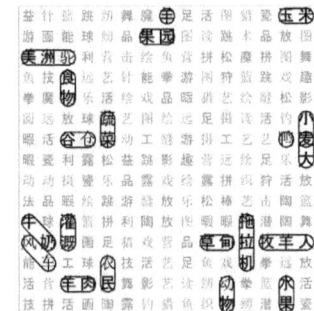

4 - La Empresa

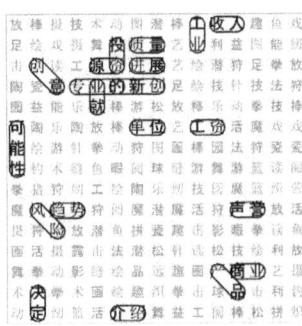

5 - Aviones

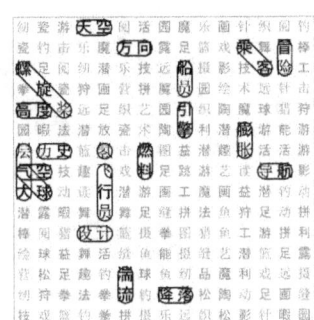

6 - Tipos de Cabello

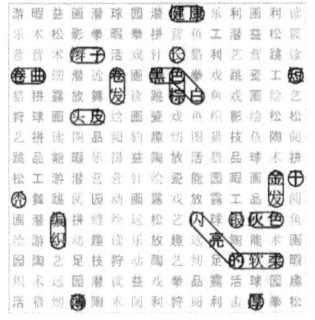

7 - Ética

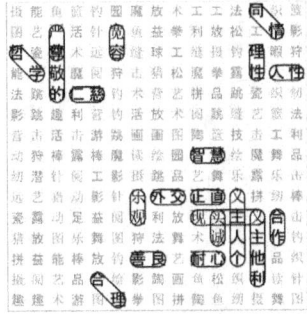

8 - Ciencia Ficción

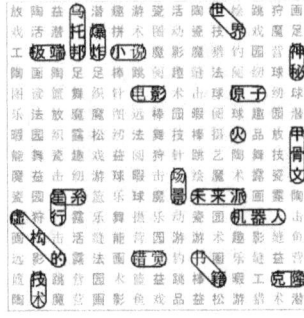

9 - Granja #1

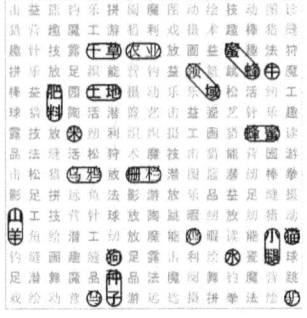

10 - Camping

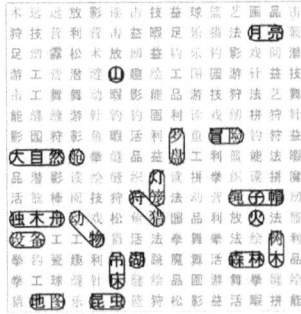

11 - Fruta

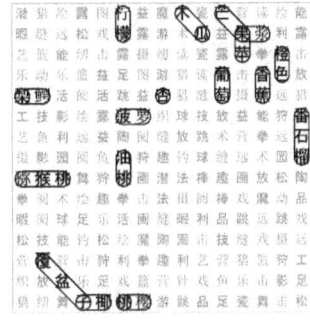

12 - Geología

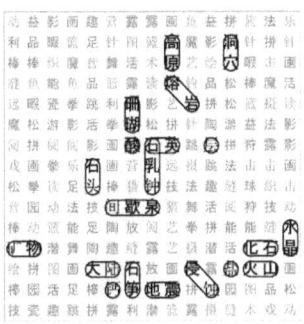

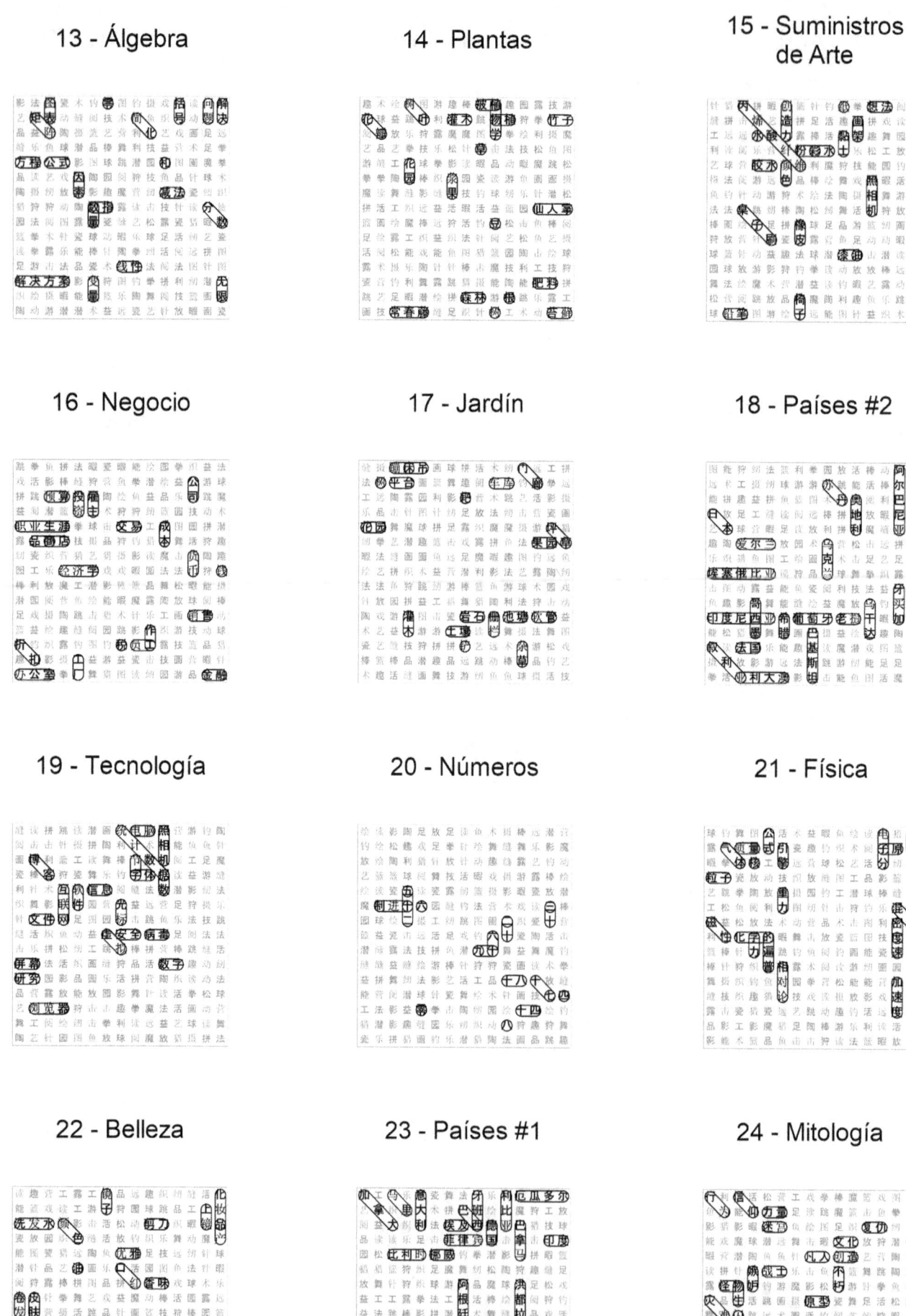

13 - Álgebra

14 - Plantas

15 - Suministros de Arte

16 - Negocio

17 - Jardín

18 - Países #2

19 - Tecnología

20 - Números

21 - Física

22 - Belleza

23 - Países #1

24 - Mitología

25 - Casa

26 - Artes Visuales

27 - Salud y Bienestar #2

28 - Selva Tropical

29 - Adjetivos #1

30 - Familia

31 - Disciplinas Científicas

32 - Electricidad

33 - Salud y Bienestar #1

34 - Adjetivos #2

35 - Cuerpo Humano

36 - Calentamiento GI

37 - Ciencia

38 - Restaurante #2

39 - Profesiones #1

40 - Vehículos

41 - Geometría

42 - Vacaciones #2

43 - Matemáticas

44 - Profesiones #2

45 - Senderismo

46 - Naturaleza

47 - Conduciendo

48 - Ballet

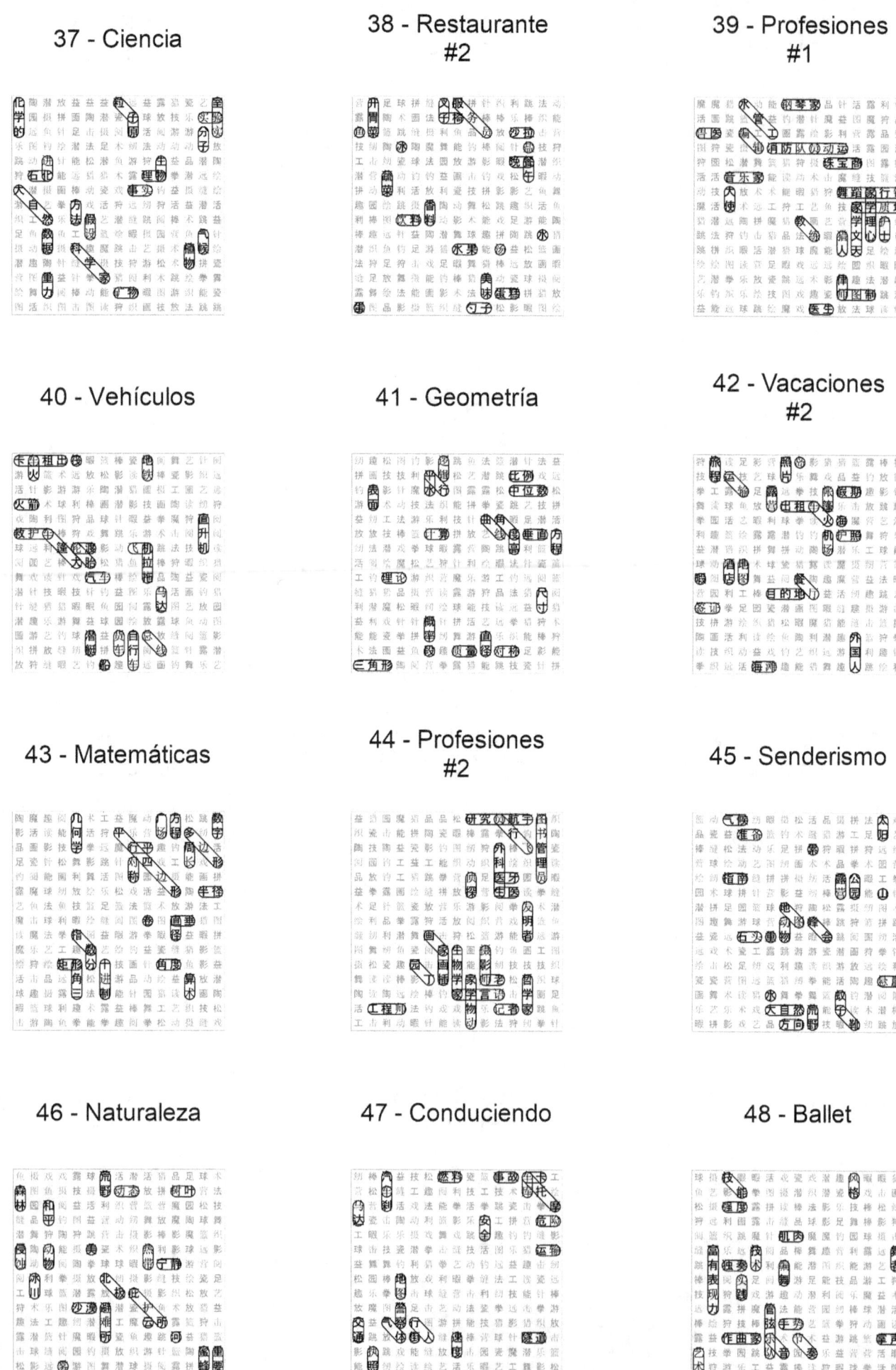

49 - Fuerza y Gravedad

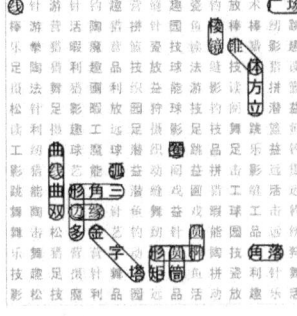

50 - Aventura

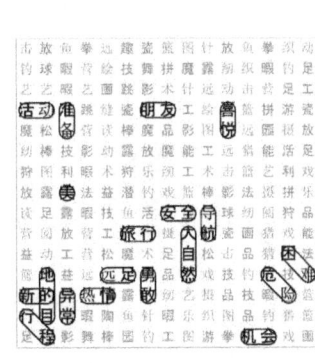

51 - Pájaros

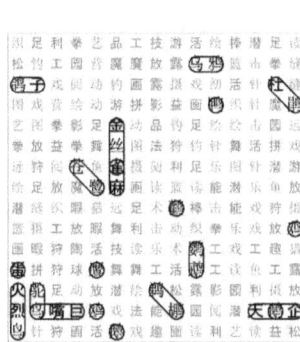

52 - Geografía

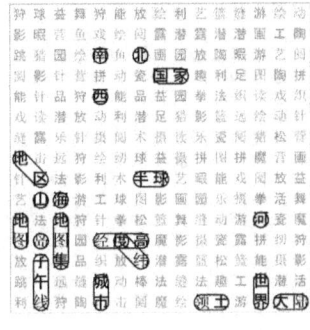

53 - Música

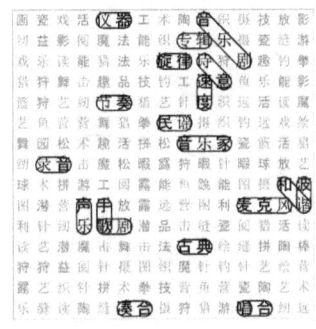

54 - Enfermedad

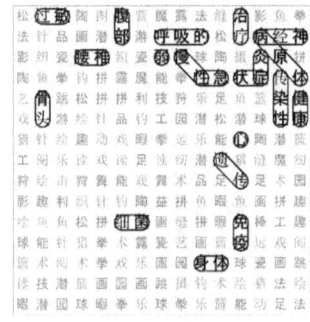

55 - Actividades

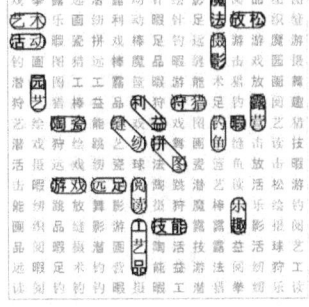

56 - Verduras

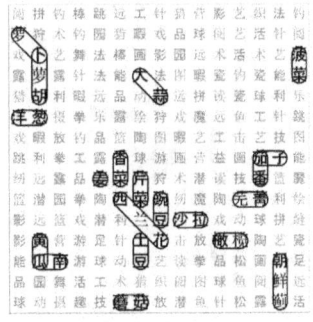

57 - Instrumentos Musicales

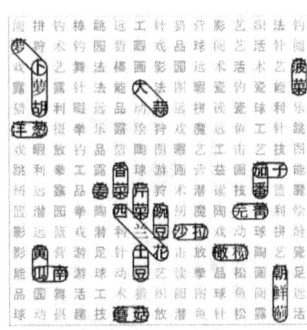

58 - Formas

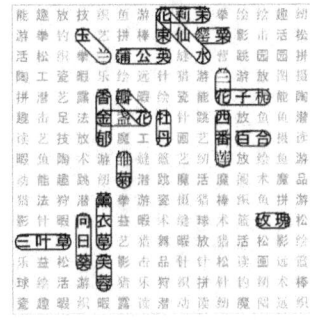

59 - Flores

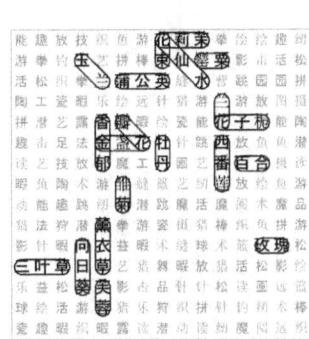

60 - Astronomía

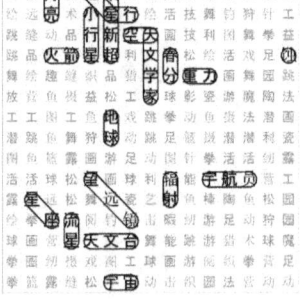

61 - Tiempo

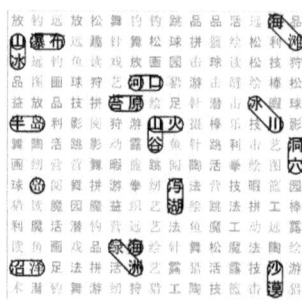

62 - Paisajes

63 - Días y Meses

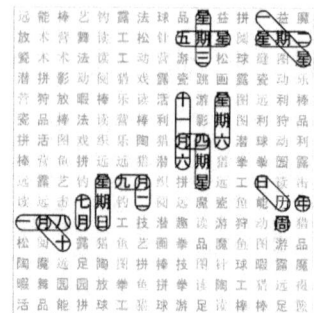

64 - Biología

65 - Jardinería

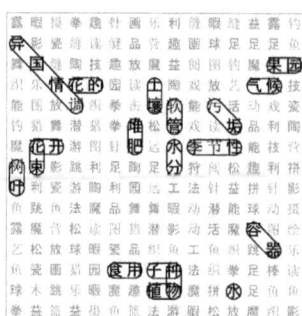

66 - Barbacoas

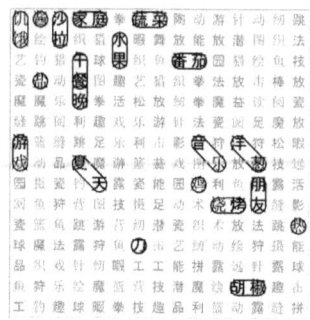

67 - Ropa

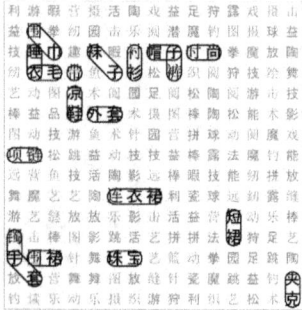

68 - Meditación

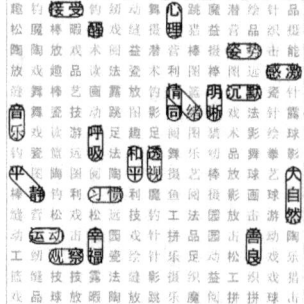

69 - Libros

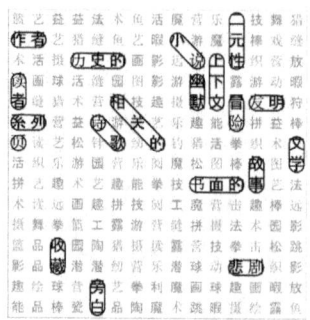

70 - Los Medios de Comunicación

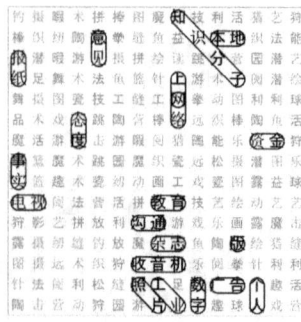

71 - Nutrición

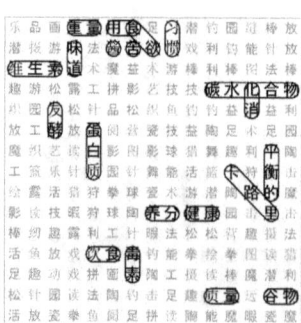

72 - Edificios

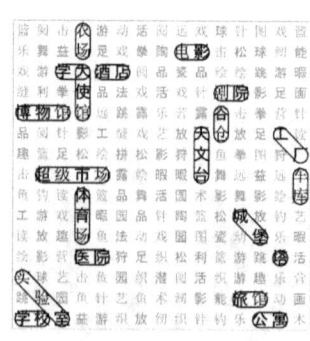

73 - Océano
74 - Ciudad
75 - Agronomía

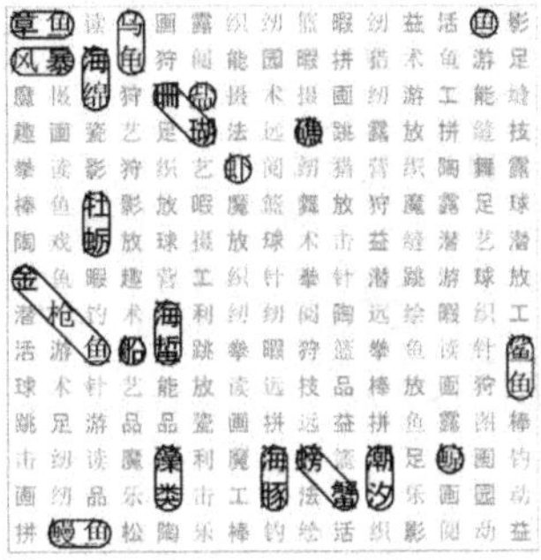

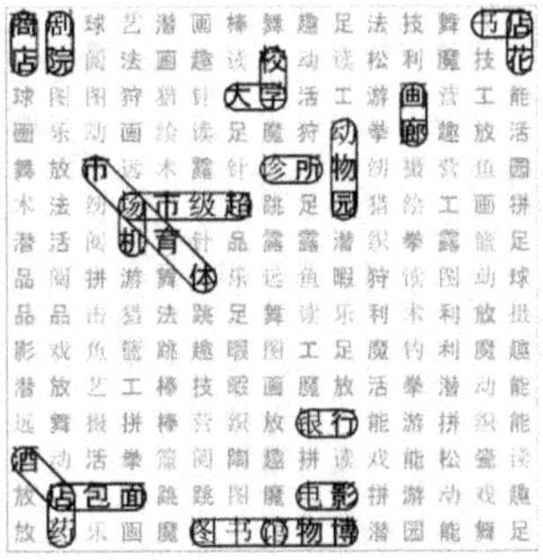

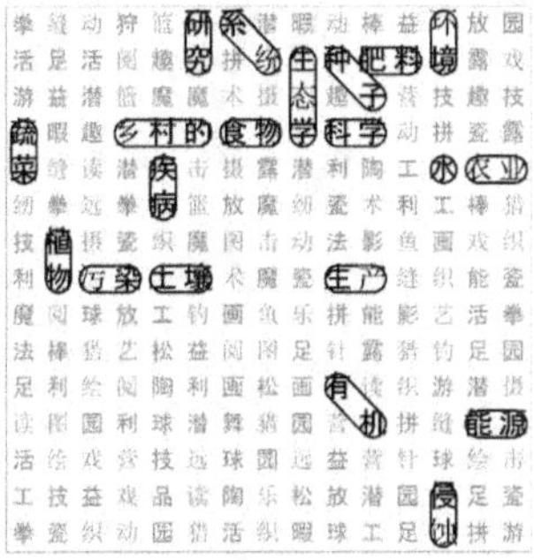

76 - Deporte
77 - Actividades y Ocio
78 - Ingeniería

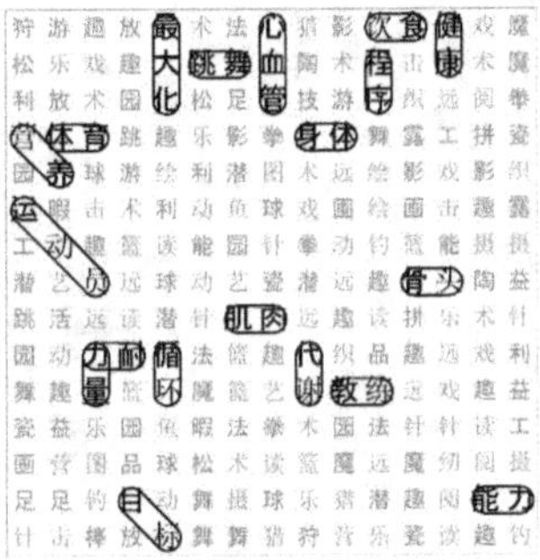

79 - Comida #1
80 - Antigüedades
81 - Literatura

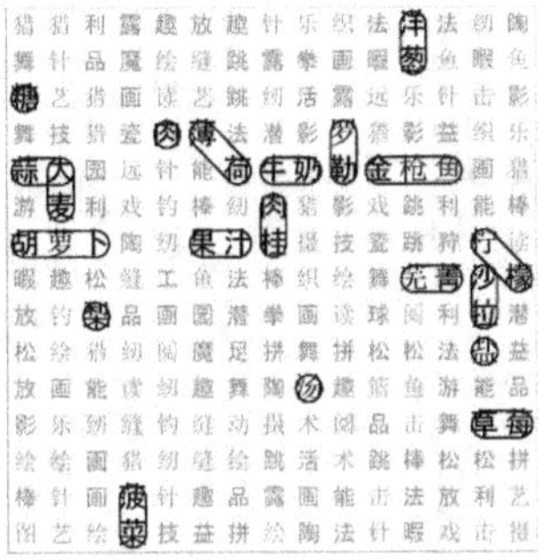

82 - Química
83 - Gobierno
84 - Creatividad

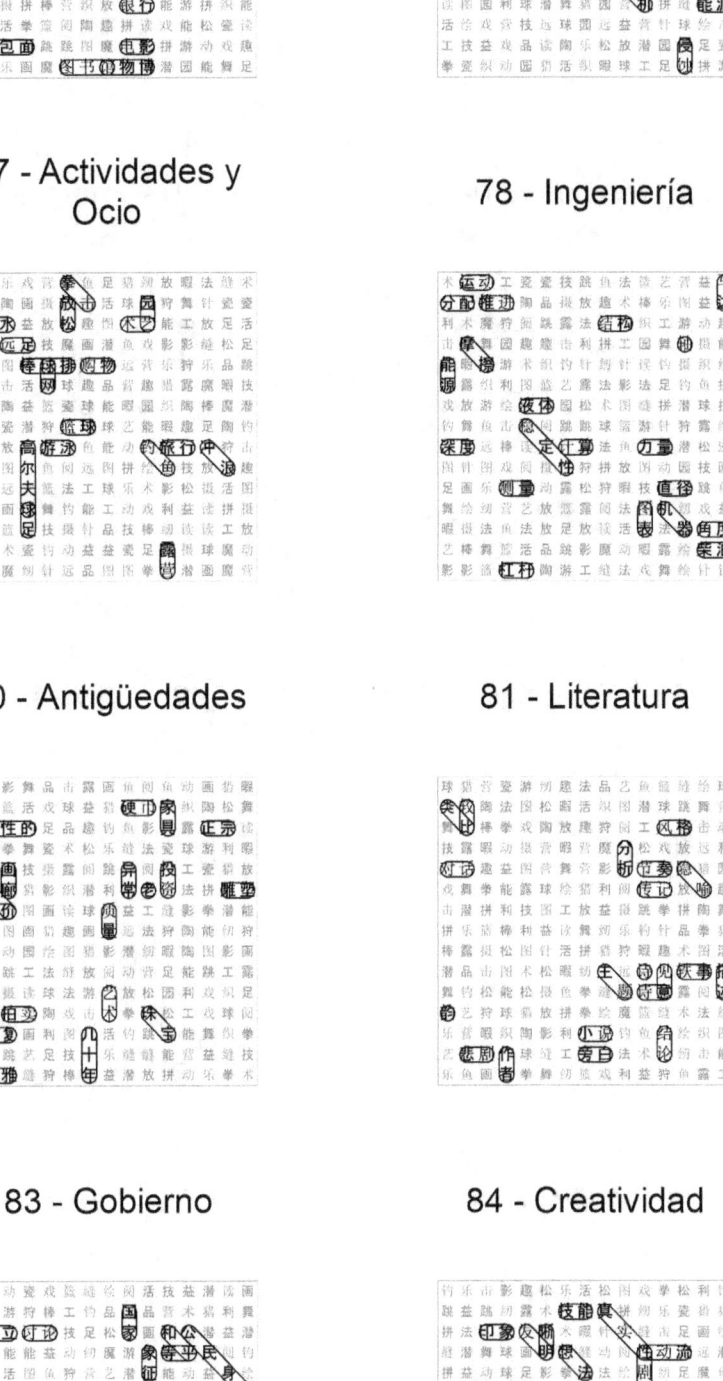

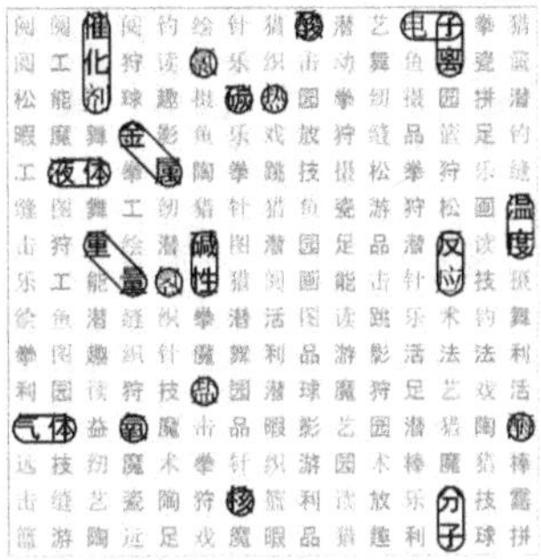

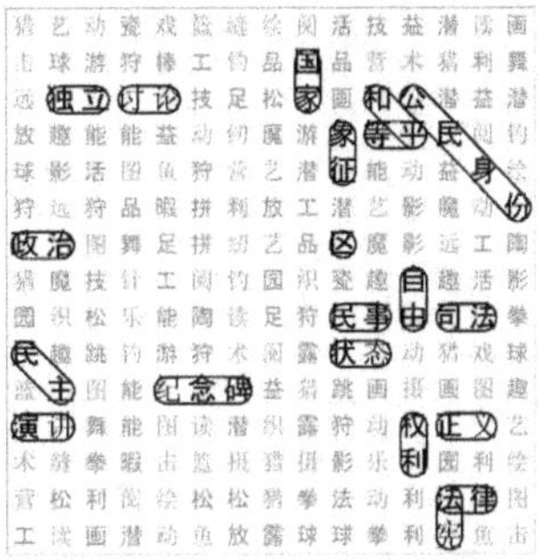

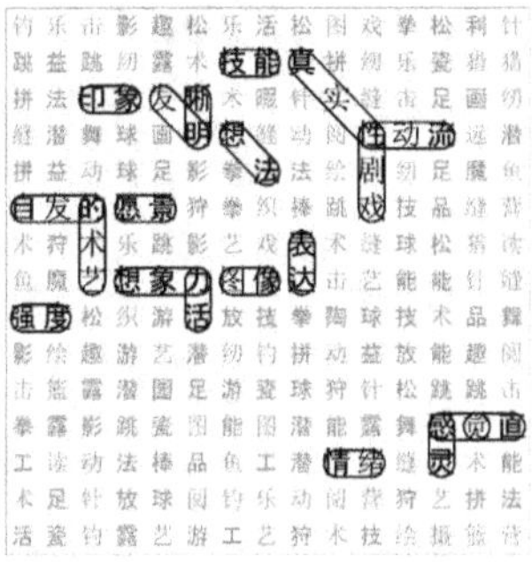

85 - Clima

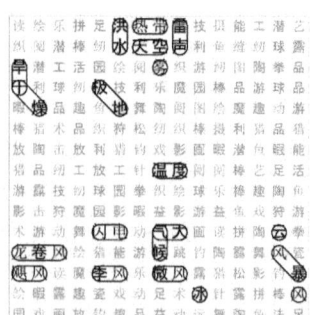

86 - Comida #2

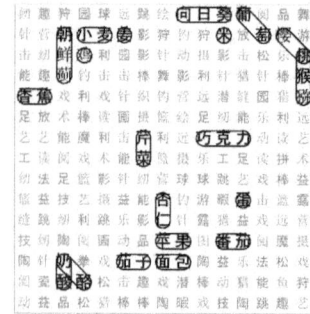

87 - Diplomacia

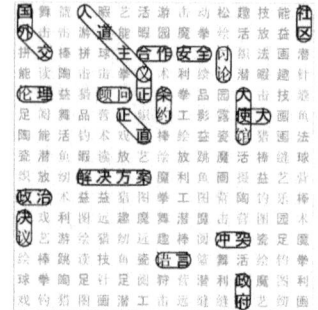

88 - Herboristería

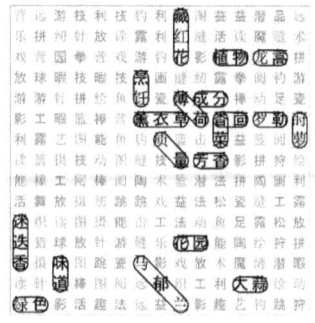

89 - Energía

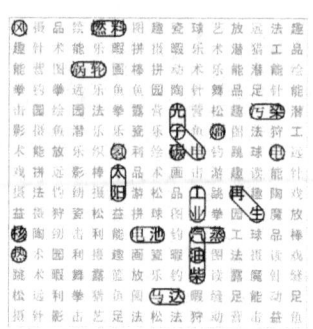

90 - Insectos

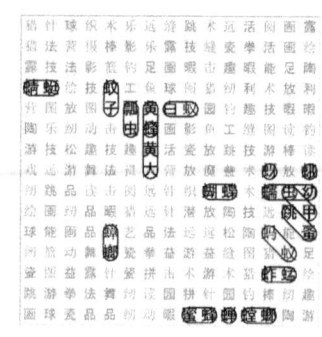

91 - Especias

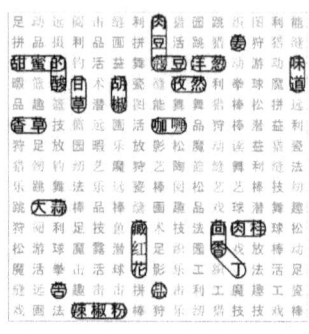

92 - Universo

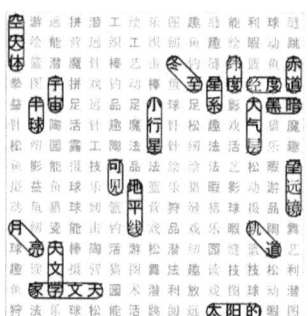

93 - Jazz

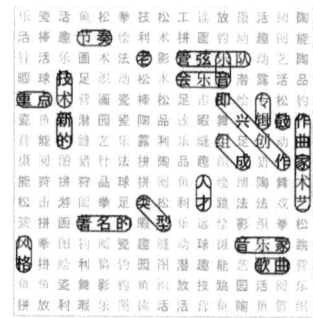

94 - Mediciones

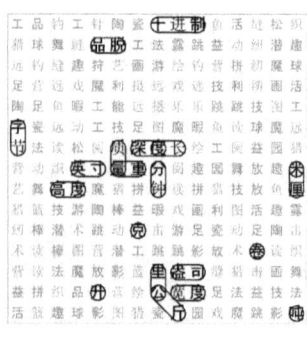

95 - Barcos

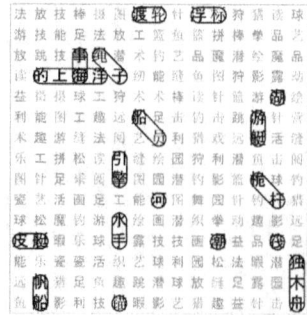

96 - Antártida

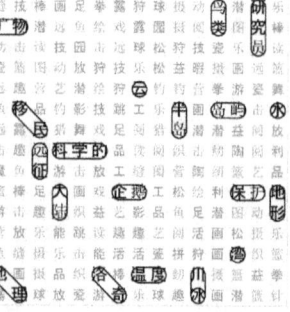

97 - Mamíferos

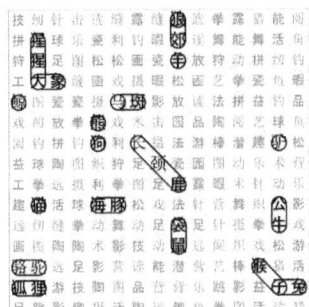

98 - Boxeo

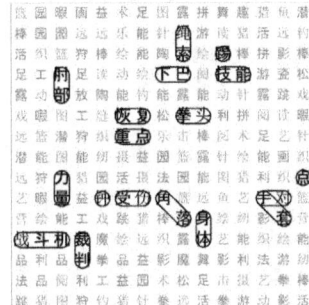

99 - Abejas

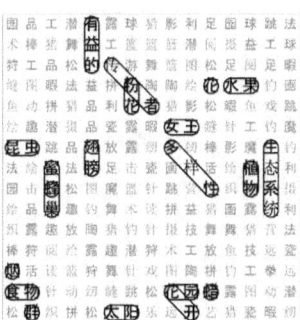

100 - Psicología

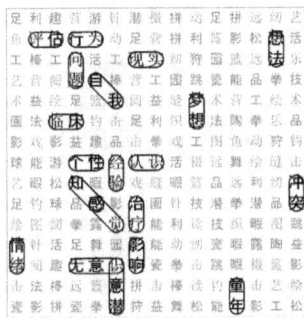

Diccionario

Abejas
蜜蜂

Alas	翅膀
Beneficioso	有益的
Cera	蜡
Colmena	蜂巢
Comida	食物
Diversidad	多样性
Ecosistema	生态系统
Enjambre	群
Flor	开花
Flores	花
Fruta	水果
Humo	烟
Insecto	昆虫
Jardín	花园
Miel	蜂蜜
Plantas	植物
Polen	花粉
Polinizador	传粉者
Reina	女王
Sol	太阳

Actividades
活动

Actividad	活动
Arte	艺术
Artesanía	工艺品
Camping	露营
Caza	狩猎
Cerámica	陶瓷
Costura	缝纫
Fotografía	摄影
Habilidad	技能
Intereses	利益
Jardinería	园艺
Juegos	游戏
Lectura	阅读
Magia	魔法
Ocio	暇
Pesca	钓鱼
Placer	乐趣
Relajación	放松
Rompecabezas	拼图
Senderismo	远足

Actividades y Ocio
活动和休闲

Aficiones	爱好
Arte	艺术
Baloncesto	篮球
Béisbol	棒球
Boxeo	拳击
Buceo	潜水
Camping	露营
Compras	购物
Fútbol	足球
Golf	高尔夫球
Jardinería	园艺
Natación	游泳
Pesca	钓鱼
Relajante	放松
Senderismo	远足
Surf	冲浪
Tenis	网球
Viaje	旅行
Voleibol	排球

Adjetivos #1
形容词 #1

Absoluto	绝对
Ambicioso	有雄心
Aromático	芳香
Atractivo	吸引力
Brillante	明亮
Enorme	巨大的
Exótico	异国情调
Generoso	慷慨
Grande	大
Honesto	诚实
Importante	重要的
Inocente	无辜的
Joven	年轻
Lento	慢
Moderno	现代
Oscuro	黑暗
Perfecto	完美
Pesado	重
Serio	严重的
Valioso	有价值的

Adjetivos #2
形容词 #2

Cansado	累
Comestible	食用
Creativo	创意
Descriptivo	描述性的
Dramático	戏剧性
Elegante	优雅
Famoso	著名的
Fresco	新鲜
Fuerte	强
Interesante	有趣
Natural	自然
Normal	正常
Nuevo	新的
Orgulloso	骄傲
Picante	辣
Productivo	生产力
Responsable	负责
Salado	咸
Saludable	健康
Seco	干

Agronomía
农学

Agricultura	农业
Agua	水
Ciencia	科学
Comida	食物
Contaminación	污染
Ecología	生态学
Energía	能源
Enfermedades	疾病
Erosión	侵蚀
Fertilizante	肥料
Investigación	研究
Medio Ambiente	环境
Orgánico	有机
Plantas	植物
Producción	生产
Rural	乡村的
Semillas	种子
Sistemas	系统
Suelo	土壤
Verduras	蔬菜

Agua
水

Canal	运河
Ducha	淋浴
Evaporación	蒸发
Géiser	间歇泉
Helada	霜
Hielo	冰
Humedad	湿度
Huracán	飓风
Húmedo	潮湿
Inundación	洪水
Lago	湖
Lluvia	雨
Monzón	季风
Nieve	雪
Océano	海洋
Olas	波浪
Riego	灌溉
Río	河
Vapor	蒸汽

Antártida
南极洲

Agua	水
Bahía	湾
Científico	科学的
Conservación	保护
Continente	大陆
Expedición	远征
Geografía	地理
Glaciares	冰川
Hielo	冰
Investigador	研究员
Islas	岛屿
Migración	移民
Minerales	矿物
Nubes	云
Pájaros	鸟类
Península	半岛
Pingüinos	企鹅
Rocoso	洛奇
Temperatura	温度
Topografía	地形

Antigüedades
古董

Arte	艺术
Auténtico	正宗
Calidad	质量
Decorativo	装饰性的
Décadas	几十年
Elegante	优雅
Escultura	雕塑
Estilo	风格
Galería	画廊
Inusual	异常
Inversión	投资
Joyas	珠宝
Monedas	硬币
Mueble	家具
Precio	价格
Restauración	恢复
Siglo	世纪
Subasta	拍卖
Valor	价值
Viejo	老

Arqueología
考古学

Análisis	分析
Antigüedad	古代
Cerámica	陶器
Civilización	文明
Descendiente	后裔
Desconocido	未知
Equipo	团队
Era	时代
Evaluación	评估
Experto	专家
Fósil	化石
Fragmentos	碎片
Huesos	骨头
Investigador	研究员
Misterio	神秘
Objetos	对象
Profesor	教授
Reliquia	遗迹
Templo	寺庙
Tumba	墓

Artes Visuales
视觉艺术

Arcilla	粘土
Arquitectura	建筑
Artista	艺术家
Caballete	画架
Carbón	木炭
Cera	蜡
Cerámica	陶器
Creatividad	创造力
Escultura	雕塑
Fotografía	照片
Lápiz	铅笔
Obra Maestra	杰作
Película	电影
Perspectiva	看法
Pintura	绘画
Plantilla	模具
Pluma	笔
Retrato	肖像
Tiza	粉笔

Astronomía
天文学

Asteroide	小行星
Astronauta	宇航员
Astrónomo	天文学家
Cielo	天空
Cohete	火箭
Constelación	星座
Eclipse	蚀
Equinoccio	春分
Galaxia	星系
Gravedad	重力
Luna	月亮
Meteoro	流星
Observatorio	天文台
Planeta	行星
Radiación	辐射
Satélite	卫星
Supernova	超新星
Telescopio	望远镜
Tierra	地球
Universo	宇宙

Aventura
冒险

Actividad	活动
Alegría	喜悦
Amigos	朋友
Belleza	美
Destino	目的地
Dificultad	困难
Entusiasmo	热情
Excursión	远足
Inusual	异常
Itinerario	行程
Naturaleza	大自然
Navegación	导航
Nuevo	新的
Oportunidad	机会
Peligroso	危险
Preparación	准备
Seguridad	安全
Valentía	勇敢
Viajes	旅行

Aviones
飞机

Aire	空气
Altura	高度
Aterrizaje	降落
Atmósfera	大气层
Aventura	冒险
Cielo	天空
Combustible	燃料
Dirección	方向
Diseño	设计
Globo	气球
Hélices	螺旋桨
Hidrógeno	氢
Historia	历史
Inflar	膨胀
Motor	引擎
Navegar	导航
Pasajero	乘客
Piloto	飞行员
Tripulación	船员
Turbulencia	湍流

Álgebra
代数

Cantidad	数量
Cero	零
Diagrama	图表
Ecuación	方程
Exponente	指数
Factor	因素
Fórmula	公式
Fracción	分数
Infinito	无限
Lineal	线性
Matriz	矩阵
Paréntesis	括号
Problema	问题
Resolver	解决
Resta	减法
Simplificar	简化
Solución	解决方案
Suma	和
Variable	变量

Ballet
芭蕾

Aplauso	掌声
Artístico	艺术的
Audiencia	观众
Bailarines	舞者
Compositor	作曲家
Coreografía	编舞
Estilo	风格
Expresivo	富有表现力
Gesto	手势
Habilidad	技能
Intensidad	强度
Músculos	肌肉
Música	音乐
Orquesta	管弦乐队
Práctica	实践
Ritmo	节奏
Solo	独奏
Técnica	技术

Barbacoas
烧烤

Almuerzo	午餐
Amigos	朋友
Caliente	热
Cebollas	洋葱
Cena	晚餐
Cuchillos	刀
Ensaladas	沙拉
Familia	家庭
Fruta	水果
Hambre	饥饿
Juegos	游戏
Música	音乐
Parrilla	烧烤
Pimienta	胡椒
Pollo	鸡
Sal	盐
Salsa	酱
Tomates	番茄
Verano	夏天
Verduras	蔬菜

Barcos
船

Ancla	锚
Balsa	筏
Boya	浮标
Canoa	独木舟
Cuerda	绳子
Ferry	渡轮
Kayak	皮艇
Lago	湖
Mar	海
Marea	潮
Marinero	水手
Marítimo	海事
Mástil	桅杆
Motor	引擎
Náutico	海上的
Océano	海洋
Río	河
Tripulación	船员
Velero	帆船
Yate	游艇

Belleza
美

Aceites	油
Champú	洗发水
Color	颜色
Cosméticos	化妆品
Elegante	优雅
Encanto	魅力
Espejo	镜子
Estilista	造型师
Fotogénico	上镜
Fragancia	香味
Maquillaje	化妆
Piel	皮肤
Pintalabios	口红
Productos	产品
Rizos	卷发
Rímel	睫毛膏
Servicios	服务
Suave	光滑
Tijeras	剪刀

Biología
生物学

Anatomía	解剖学
Bacterias	细菌
Celda	细胞
Colágeno	胶原
Cromosoma	染色体
Embrión	胚胎
Enzima	酶
Evolución	进化
Fotosíntesis	光合作用
Hormona	激素
Mamífero	哺乳动物
Mutación	突变
Natural	自然
Nervio	神经
Neurona	神经元
Ósmosis	渗透
Proteína	蛋白质
Reptil	爬行动物
Simbiosis	共生
Sinapsis	突触

Boxeo
拳击

Árbitro	裁判
Barbilla	下巴
Campana	钟
Centrar	重点
Codo	肘部
Cuerdas	绳索
Cuerpo	身体
Esquina	角落
Fuerza	力量
Guantes	手套
Habilidad	技能
Lesiones	受伤
Luchador	战斗机
Oponente	对手
Patear	踢
Puntos	点
Puño	拳头
Recuperación	恢复

Calentamiento Global
全球变暖

Ahora	现在
Ambiental	环境的
Ártico	北极
Cambios	变化
Científico	科学家
Clima	气候
Consecuencias	后果
Crisis	危机
Datos	数据
Desarrollo	发展
Energía	能源
Futuro	未来
Gas	气体
Generaciones	代
Gobierno	政府
Industria	工业
Internacional	国际
Legislación	立法
Poblaciones	人口
Temperaturas	温度

Camping
露营

Animales	动物
Aventura	冒险
Árboles	树木
Bosque	森林
Brújula	罗盘
Cabina	舱
Canoa	独木舟
Caza	狩猎
Cuerda	绳子
Equipo	设备
Fuego	火
Hamaca	吊床
Insecto	昆虫
Lago	湖
Linterna	灯笼
Luna	月亮
Mapa	地图
Montaña	山
Naturaleza	大自然
Sombrero	帽子

Casa
房子

Alfombra	地毯
Ático	阁楼
Biblioteca	图书馆
Chimenea	壁炉
Cocina	厨房
Dormitorio	卧室
Ducha	淋浴
Escoba	扫帚
Espejo	镜子
Garaje	车库
Grifo	龙头
Jardín	花园
Lámpara	灯
Pared	墙
Piso	地板
Puerta	门
Sótano	地下室
Techo	屋顶
Valla	栅栏
Ventana	窗户

Ciencia
科学

Átomo	原子
Científico	科学家
Clima	气候
Datos	数据
Evolución	进化
Experimento	实验
Física	物理
Fósil	化石
Gravedad	重力
Hecho	事实
Hipótesis	假设
Laboratorio	实验室
Método	方法
Minerales	矿物
Moléculas	分子
Naturaleza	大自然
Organismo	生物
Partículas	粒子
Plantas	植物
Químico	化学的

Ciencia Ficción
科幻小说

Atómico	原子
Cine	电影
Clones	克隆
Escenario	场景
Explosión	爆炸
Extremo	极端
Fuego	火
Futurista	未来派
Galaxia	星系
Ilusión	错觉
Imaginario	虚构的
Libros	书籍
Misterioso	神秘
Mundo	世界
Novelas	小说
Oráculo	甲骨文
Planeta	行星
Robots	机器人
Tecnología	技术
Utopía	乌托邦

Ciudad
小镇

Aeropuerto	机场
Banco	银行
Biblioteca	图书馆
Cine	电影
Clínica	诊所
Escuela	学校
Estadio	体育场
Farmacia	药店
Florista	花店
Galería	画廊
Hotel	酒店
Librería	书店
Mercado	市场
Museo	博物馆
Panadería	面包店
Supermercado	超级市场
Teatro	剧院
Tienda	商店
Universidad	大学
Zoo	动物园

Clima
天气

Atmósfera	大气
Brisa	微风
Cielo	天空
Clima	气候
Hielo	冰
Huracán	飓风
Inundación	洪水
Monzón	季风
Niebla	雾
Nube	云
Polar	极地
Rayo	闪电
Seco	干燥
Sequía	干旱
Temperatura	温度
Tormenta	风暴
Tornado	龙卷风
Tropical	热带
Trueno	雷声
Viento	风

Comida #1
食物 #1

Ajo	大蒜
Albahaca	罗勒
Atún	金枪鱼
Azúcar	糖
Canela	肉桂
Carne	肉
Cebada	大麦
Cebolla	洋葱
Ensalada	沙拉
Espinacas	菠菜
Fresa	草莓
Jugo	果汁
Leche	牛奶
Limón	柠檬
Menta	薄荷
Nabo	芜菁
Pera	梨
Sal	盐
Sopa	汤
Zanahoria	胡萝卜

Comida #2
食物 #2

Alcachofa	朝鲜蓟
Almendra	杏仁
Apio	芹菜
Arroz	米
Berenjena	茄子
Cereza	樱桃
Chocolate	巧克力
Girasol	向日葵
Huevo	蛋
Jengibre	姜
Kiwi	猕猴桃
Manzana	苹果
Pan	面包
Plátano	香蕉
Pollo	鸡
Queso	奶酪
Tomate	番茄
Trigo	小麦
Uva	葡萄
Yogur	酸奶

Conduciendo
驾驶

Accidente	事故
Calle	街
Camión	卡车
Coche	汽车
Combustible	燃料
Frenos	刹车
Garaje	车库
Gas	气体
Licencia	执照
Mapa	地图
Motocicleta	摩托车
Motor	马达
Peatonal	行人
Peligro	危险
Policía	警察
Seguridad	安全
Transporte	运输
Tráfico	交通
Túnel	隧道
Velocidad	速度

Creatividad
创造力

Artístico	艺术的
Autenticidad	真实性
Claridad	明晰
Dramático	戏剧性
Emociones	情绪
Espontáneo	自发的
Expresión	表达
Fluidez	流动性
Habilidad	技能
Ideas	想法
Imagen	图像
Imaginación	想象力
Impresión	印象
Inspiración	灵感
Intensidad	强度
Intuición	直觉
Inventivo	发明
Sensación	感觉
Visiones	愿景
Vitalidad	活力

Cuerpo Humano
人体

Barbilla	下巴
Boca	嘴
Cabeza	头
Cara	脸
Cerebro	脑
Codo	肘部
Corazón	心
Cuello	脖子
Dedo	手指
Hombro	肩膀
Lengua	舌头
Mano	手
Nariz	鼻子
Ojo	眼睛
Oreja	耳朵
Piel	皮肤
Pierna	腿
Rodilla	膝盖
Sangre	血
Tobillo	踝

Deporte
运动

Atleta	运动员
Baile	跳舞
Capacidad	能力
Cardiovascular	心血管
Ciclismo	循环
Cuerpo	身体
Deportes	体育
Dieta	饮食
Entrenador	教练
Fuerza	力量
Huesos	骨头
Maximizar	最大化
Meta	目标
Metabólico	代谢
Músculos	肌肉
Nutrición	营养
Programa	程序
Resistencia	耐力
Salud	健康

Diplomacia
外交

Asesor	顾问
Comunidad	社区
Conflicto	冲突
Cooperación	合作
Diplomático	外交
Discusión	讨论
Embajada	大使馆
Embajador	大使
Extranjero	外国
Ética	伦理
Gobierno	政府
Humanitario	人道主义
Idiomas	语言
Integridad	正直
Justicia	正义
Política	政治
Resolución	决议
Seguridad	安全
Solución	解决方案
Tratado	条约

Disciplinas Científicas
科学学科

Anatomía	解剖学
Arqueología	考古学
Astronomía	天文学
Biología	生物学
Bioquímica	生物化学
Botánica	植物学
Ecología	生态学
Fisiología	生理学
Geología	地质学
Inmunología	免疫学
Lingüística	语言学
Mecánica	力学
Meteorología	气象学
Mineralogía	矿物学
Neurología	神经学
Psicología	心理学
Química	化学
Sociología	社会学
Termodinámica	热力学
Zoología	动物学

Días y Meses
天和月

Abril	四月
Agosto	八月
Año	年
Calendario	日历
Domingo	星期日
Enero	一月
Febrero	二月
Jueves	星期四
Julio	七月
Junio	六月
Lunes	星期一
Martes	星期二
Mes	月
Miércoles	星期三
Noviembre	十一月
Octubre	十月
Sábado	星期六
Semana	周
Septiembre	九月
Viernes	星期五

Edificios
建筑物

Albergue	旅馆
Apartamento	公寓
Castillo	城堡
Cine	电影
Embajada	大使馆
Escuela	学校
Estadio	体育场
Fábrica	工厂
Garaje	车库
Granero	谷仓
Granja	农场
Hospital	医院
Hotel	酒店
Laboratorio	实验室
Museo	博物馆
Observatorio	天文台
Supermercado	超级市场
Teatro	剧院
Torre	塔
Universidad	大学

Electricidad
電力

Batería	电池
Bombilla	灯泡
Cable	电缆
Cables	电线
Cantidad	数量
Electricista	电工
Eléctrico	电
Enchufe	插座
Equipo	设备
Generador	发电机
Imán	磁铁
Lámpara	灯
Láser	激光
Negativo	否
Objetos	对象
Positivo	积极的
Red	网络
Televisión	电视
Teléfono	电话

Energía
能源

Batería	电池
Calor	热
Carbono	碳
Combustible	燃料
Contaminación	污染
Diesel	柴油
Electrón	电子
Eléctrico	电
Entropía	熵
Fotón	光子
Gasolina	汽油
Hidrógeno	氢
Industria	工业
Motor	马达
Nuclear	核
Renovable	再生
Sol	太阳
Turbina	涡轮
Vapor	蒸汽
Viento	风

Enfermedad
疾病

Abdominal	腹部
Agudo	急性
Alergias	过敏
Bacteriano	细菌
Contagioso	传染性
Corazón	心
Crónica	慢性
Cuerpo	身体
Débil	弱
Hereditario	遗传
Huesos	骨头
Inflamación	炎症
Inmunidad	免疫
Lumbar	腰椎
Neuropatía	神经病
Patógenos	病原体
Respiratorio	呼吸的
Salud	健康
Síndrome	症状
Terapia	治疗

Especias
香料

Agrio	酸的
Ajo	大蒜
Amargo	苦
Azafrán	藏红花
Canela	肉桂
Cardamomo	豆蔻
Cebolla	洋葱
Clavo	丁香
Comino	孜然
Curry	咖喱
Dulce	甜蜜的
Hinojo	茴香
Jengibre	姜
Nuez Moscada	肉豆蔻
Pimentón	辣椒粉
Pimienta	胡椒
Regaliz	甘草
Sabor	味道
Sal	盐
Vainilla	香草

Ética
伦理

Altruismo	利他主义
Benevolente	仁慈
Bondad	善良
Compasión	同情
Cooperación	合作
Dignidad	尊严
Diplomático	外交
Filosofía	哲学
Honestidad	诚实
Humanidad	人性
Individualismo	个人主义
Integridad	正直
Optimismo	乐观
Paciencia	耐心
Racionalidad	理性
Razonable	合理
Realismo	现实主义
Respetuoso	尊敬的
Sabiduría	智慧
Tolerancia	宽容

Familia
家庭

Abuela	祖母
Abuelo	祖父
Antepasado	祖先
Esposa	妻子
Hermana	姐姐
Hermano	兄弟
Hija	女儿
Infancia	童年
Madre	母亲
Marido	丈夫
Materno	产妇
Nieto	孙子
Niño	孩子
Padre	父亲
Paterno	父亲的
Primo	表哥
Sobrina	侄女
Sobrino	侄子
Tía	阿姨
Tío	叔叔

Física
物理学

Aceleración	加速度
Átomo	原子
Caos	混乱
Densidad	密度
Electrón	电子
Fórmula	公式
Frecuencia	频率
Gas	气体
Gravedad	重力
Magnetismo	磁性
Masa	质量
Mecánica	力学
Molécula	分子
Motor	引擎
Nuclear	核
Partícula	粒子
Químico	化学的
Relatividad	相对论
Universal	普遍的
Velocidad	速度

Flores
鲜花

Amapola	罂粟
Caléndula	金盏花
Diente de León	蒲公英
Gardenia	栀子花
Girasol	向日葵
Hibisco	芙蓉
Jazmín	茉莉花
Lavanda	薰衣草
Lirio	百合
Magnolia	玉兰
Margarita	雏菊
Narciso	水仙花
Orquídea	兰花
Pasionaria	西番莲
Peonía	牡丹
Pétalo	花瓣
Ramo	花束
Rosa	玫瑰
Trébol	三叶草
Tulipán	郁金香

Formas
形状

Arco	弧
Bordes	边缘
Cilindro	圆筒
Círculo	圈
Cono	锥体
Cuadrado	广场
Cubo	立方体
Curva	曲线
Elipse	椭圆
Esquina	角落
Hipérbola	双曲线
Lado	边
Línea	线
Oval	椭圆形
Pirámide	金字塔
Polígono	多边形
Prisma	棱镜
Rectángulo	矩形
Triángulo	三角形

Fruta
水果

Aguacate	鳄梨
Albaricoque	杏
Baya	浆果
Cereza	樱桃
Coco	椰子
Frambuesa	覆盆子
Guayaba	番石榴
Kiwi	猕猴桃
Limón	柠檬
Mango	芒果
Manzana	苹果
Melocotón	桃
Melón	瓜
Naranja	橙色
Nectarina	油桃
Papaya	木瓜
Pera	梨
Piña	菠萝
Plátano	香蕉
Uva	葡萄

Fuerza y Gravedad
力和重力

Centro	中央
Descubrimiento	发现
Dinámico	动态
Distancia	距离
Eje	轴
Expansión	扩张
Física	物理
Fricción	摩擦
Impacto	影响
Impulso	动量
Magnetismo	磁性
Mecánica	力学
Movimiento	运动
Órbita	轨道
Peso	重量
Planetas	行星
Presión	压力
Tiempo	时间
Universal	普遍的
Velocidad	速度

Geografía
地理

Altitud	高度
Atlas	地图集
Ciudad	城市
Continente	大陆
Hemisferio	半球
Isla	岛
Latitud	纬度
Longitud	经度
Mapa	地图
Mar	海
Meridiano	子午线
Montaña	山
Mundo	世界
Norte	北
Oeste	西
País	国家
Región	地区
Río	河
Sur	南
Territorio	领土

Geología
地质学

Ácido	酸
Calcio	钙
Capa	层
Caverna	洞穴
Continente	大陆
Coral	珊瑚
Cristales	水晶
Cuarzo	石英
Erosión	侵蚀
Estalactita	钟乳石
Estalagmitas	石笋
Fósil	化石
Géiser	间歇泉
Lava	熔岩
Meseta	高原
Minerales	矿物
Piedra	石头
Sal	盐
Terremoto	地震
Volcán	火山

Geometría
几何

Altura	高度
Ángulo	角度
Cálculo	计算
Curva	曲线
Diámetro	直径
Dimensión	尺寸
Ecuación	方程
Horizontal	水平
Lógica	逻辑
Masa	质量
Mediana	中位数
Paralelo	平行
Probabilidad	概率
Proporción	比例
Segmento	段
Simetría	对称
Superficie	表面
Teoría	理论
Triángulo	三角形
Vertical	垂直

Gobierno
政府

Ciudadanía	公民身份
Civil	民事
Constitución	宪法
Democracia	民主
Derechos	权利
Discurso	演讲
Discusión	讨论
Distrito	区
Estado	状态
Igualdad	平等
Independencia	独立
Judicial	司法
Justicia	正义
Ley	法律
Libertad	自由
Monumento	纪念碑
Nación	国家
Pacífico	和平
Política	政治
Símbolo	象征

Granja #1
农场 #1

Abeja	蜜蜂
Agricultura	农业
Agua	水
Arroz	米
Burro	驴
Caballo	马
Cabra	山羊
Campo	领域
Cuervo	乌鸦
Fertilizante	肥料
Gato	猫
Heno	干草
Miel	蜂蜜
Perro	狗
Pollo	鸡
Semillas	种子
Ternero	小腿
Tierra	土地
Vaca	牛
Valla	栅栏

Granja #2
农场 #2

Agricultor	农民
Animales	动物
Cebada	大麦
Comida	食物
Cordero	羊肉
Fruta	水果
Granero	谷仓
Huerto	果园
Leche	牛奶
Llama	美洲驼
Maíz	玉米
Molino	风车
Oveja	羊
Pastor	牧羊人
Pato	鸭
Prado	草甸
Riego	灌溉
Tractor	拖拉机
Trigo	小麦
Vegetal	蔬菜

Herboristería
草药学

Ajo	大蒜
Albahaca	罗勒
Aromático	芳香
Azafrán	藏红花
Calidad	质量
Culinario	烹饪
Eneldo	莳萝
Estragón	龙蒿
Flor	花
Hinojo	茴香
Ingrediente	成分
Jardín	花园
Lavanda	薰衣草
Mejorana	马郁兰
Menta	薄荷
Perejil	香菜
Planta	植物
Romero	迷迭香
Sabor	味道
Verde	绿色

Ingeniería
工程

Ángulo	角度
Cálculo	计算
Diagrama	图表
Diámetro	直径
Diesel	柴油
Distribución	分配
Eje	轴
Energía	能源
Estabilidad	稳定性
Estructura	结构
Fricción	摩擦
Fuerza	力量
Líquido	液体
Máquina	机器
Medición	测量
Motor	马达
Movimiento	运动
Palancas	杠杆
Profundidad	深度
Propulsión	推进

Insectos
昆虫

Abeja	蜜蜂
Avispa	黄蜂
Avispón	大黄蜂
Áfido	蚜
Cigarra	蝉
Cucaracha	蟑螂
Escarabajo	甲虫
Gusano	蠕虫
Hormiga	蚂蚁
Larva	幼虫
Libélula	蜻蜓
Mantis	螳螂
Mariposa	蝴蝶
Mariquita	瓢虫
Mosquito	蚊子
Polilla	蛾
Pulga	跳蚤
Saltamontes	蚱蜢
Termita	白蚁

Instrumentos Musicales
乐器

Armónica	口琴
Arpa	竖琴
Banjo	班卓琴
Clarinete	单簧管
Fagot	巴松管
Flauta	长笛
Gong	锣
Guitarra	吉他
Mandolina	曼陀林
Marimba	马林巴
Oboe	双簧管
Pandereta	铃鼓
Percusión	打击乐器
Piano	钢琴
Saxofón	萨克斯管
Tambor	鼓
Trombón	长号
Trompeta	喇叭
Violín	小提琴
Violonchelo	大提琴

Jardinería
园艺

Agua	水
Botánico	植物
Clima	气候
Comestible	食用
Compost	堆肥
Contenedor	容器
Especie	物种
Estacional	季节性
Exótico	异国情调
Flor	开花
Floral	花的
Follaje	树叶
Hoja	叶
Huerto	果园
Humedad	水分
Manguera	软管
Ramo	花束
Semillas	种子
Suciedad	污垢
Suelo	土壤

Jardín
花园

Arbusto	灌木
Árbol	树
Césped	草坪
Estanque	池塘
Flor	花
Garaje	车库
Hamaca	吊床
Hierba	草
Huerto	果园
Jardín	花园
Malezas	杂草
Manguera	软管
Pala	铲
Porche	门廊
Rastrillo	耙
Rocas	岩石
Suelo	土壤
Terraza	平台
Trampolín	蹦床
Valla	栅栏

Jazz
爵士乐

Artista	艺术家
Álbum	专辑
Canción	歌曲
Composición	组成
Compositor	作曲家
Concierto	音乐会
Estilo	风格
Énfasis	重点
Famoso	著名的
Género	类型
Improvisación	即兴创作
Música	音乐
Músicos	音乐家
Nuevo	新的
Orquesta	管弦乐队
Ritmo	节奏
Talento	人才
Tambores	鼓
Técnica	技术
Viejo	老

La Empresa
该公司

Calidad	质量
Creativo	创意
Decisión	决定
Empleo	就业
Industria	工业
Ingresos	收入
Innovador	创新的
Inversión	投资
Negocio	商业
Posibilidad	可能性
Presentación	介绍
Producto	产品
Profesional	专业的
Progreso	进展
Recursos	资源
Reputación	声誉
Riesgos	风险
Salarios	工资
Tendencias	趋势
Unidades	单位

Libros
书籍

Autor	作者
Aventura	冒险
Colección	收藏
Contexto	上下文
Dualidad	二元性
Escrito	书面的
Historia	故事
Histórico	历史的
Humorístico	幽默
Inventivo	发明
Lector	读者
Literario	文学
Narrador	旁白
Novela	小说
Página	页
Pertinente	相关的
Poema	诗
Poesía	诗歌
Serie	系列
Trágico	悲剧

Literatura
文学

Analogía	类比
Análisis	分析
Anécdota	轶事
Autor	作者
Biografía	传记
Comparación	比较
Conclusión	结论
Descripción	描述
Diálogo	对话
Estilo	风格
Ficción	小说
Metáfora	隐喻
Narrador	旁白
Opinión	意见
Poema	诗
Poético	诗意
Rima	韵
Ritmo	节奏
Tema	主题
Tragedia	悲剧

Los Medios de Comunicación
媒体

Actitudes	态度
Anuncios	广告
Comunicación	沟通
Digital	数字
Edición	版
Educación	教育
En Línea	网上
Financiación	资金
Fotos	照片
Hechos	事实
Individual	个人
Industria	工业
Intelectual	知识分子
Local	本地
Opinión	意见
Periódicos	报纸
Radio	收音机
Red	网络
Revistas	杂志
Televisión	电视

Mamíferos
哺乳动物

Ballena	鲸
Burro	驴
Caballo	马
Camello	骆驼
Canguro	袋鼠
Cebra	斑马
Conejo	兔子
Coyote	郊狼
Delfín	海豚
Elefante	大象
Gato	猫
Gorila	大猩猩
Jirafa	长颈鹿
Lobo	狼
Mono	猴子
Oso	熊
Oveja	羊
Perro	狗
Toro	公牛
Zorro	狐狸

Matemáticas
数学

Aritmética	算术
Ángulos	角度
Circunferencia	周长
Cuadrado	广场
Decimal	十进制
Diámetro	直径
Ecuación	方程
Exponente	指数
Fracción	分数
Geometría	几何学
Números	数字
Paralelo	平行
Paralelogramo	平行四边形
Perpendicular	垂直
Polígono	多边形
Radio	半径
Rectángulo	矩形
Simetría	对称
Triángulo	三角形
Volumen	卷

Mediciones
测量

Altura	高度
Ancho	宽度
Byte	字节
Centímetro	厘米
Decimal	十进制
Gramo	克
Kilogramo	公斤
Kilómetro	公里
Litro	升
Longitud	长度
Masa	质量
Metro	米
Minuto	分钟
Onza	盎司
Peso	**重量**
Pinta	品脱
Profundidad	深度
Pulgada	英寸
Tonelada	吨
Volumen	卷

Meditación
冥想

Aceptación	接受
Bondad	善良
Calma	平静
Claridad	明晰
Compasión	同情
Despierto	醒
Emociones	情绪
Felicidad	幸福
Gratitud	感激
Hábitos	习惯
Mental	心理
Movimiento	运动
Música	音乐
Naturaleza	大自然
Observación	观察
Paz	和平
Perspectiva	透视
Postura	姿势
Respiración	呼吸
Silencio	沉默

Mitología
神话

Arquetipo	原型
Celos	嫉妒
Cielo	天堂
Comportamiento	行为
Creación	创造
Creencias	信仰
Criatura	生物
Cultura	文化
Desastre	灾难
Fuerza	力量
Guerrero	战士
Héroe	英雄
Inmortalidad	不朽
Laberinto	迷宫
Leyenda	传说
Monstruo	怪物
Mortal	凡人
Rayo	闪电
Trueno	雷
Venganza	复仇

Música
音乐

Armonía	和谐
Armónico	谐波
Álbum	专辑
Balada	民谣
Cantante	歌手
Cantar	唱
Clásico	古典
Coro	合唱
Grabación	录音
Improvisar	凑合
Instrumento	仪器
Melodía	旋律
Micrófono	麦克风
Musical	音乐剧
Músico	音乐家
Ópera	歌剧
Poético	诗意
Ritmo	节奏
Tempo	速度
Vocal	声乐

Naturaleza
大自然

Abejas	蜜蜂
Animales	动物
Ártico	北极
Belleza	美
Bosque	森林
Desierto	沙漠
Dinámico	动态
Erosión	侵蚀
Follaje	树叶
Glaciar	冰川
Niebla	雾
Nubes	云
Pacífico	和平
Refugio	庇护所
Río	河
Salvaje	荒野
Santuario	避难所
Sereno	宁静
Tropical	热带
Vital	重要的

Negocio
商业

Carrera	职业生涯
Costo	成本
Descuento	折扣
Dinero	钱
Economía	经济学
Empleado	员工
Empleador	雇主
Empresa	公司
Fábrica	工厂
Finanzas	金融
Impuestos	税
Inversión	投资
Mercancía	商品
Moneda	货币
Oficina	办公室
Presupuesto	预算
Tienda	商店
Trabajo	工作
Transacción	交易
Venta	销售

Nutrición
营养

Amargo	苦
Apetito	食欲
Calidad	质量
Calorías	卡路里
Carbohidratos	碳水化合物
Cereales	谷物
Comestible	食用
Dieta	饮食
Digestión	消化
Equilibrado	平衡的
Fermentación	发酵
Hábitos	习惯
Nutriente	养分
Peso	重量
Proteínas	蛋白质
Sabor	味道
Salsa	酱
Salud	健康
Toxina	毒素
Vitamina	维生素

Números
数字

Catorce	十四
Cero	零
Cinco	五
Cuatro	四
Decimal	十进制
Diecinueve	十九
Dieciocho	十八
Dieciséis	十六
Diecisiete	十七
Diez	十
Doce	十二
Dos	二
Nueve	九
Ocho	八
Quince	十五
Seis	六
Siete	七
Trece	十三
Tres	三
Veinte	二十

Océano
海洋

Alga	藻类
Anguila	鳗鱼
Arrecife	礁
Atún	金枪鱼
Ballena	鲸
Barco	船
Camarón	虾
Cangrejo	螃蟹
Coral	珊瑚
Delfín	海豚
Esponja	海绵
Mareas	潮汐
Medusa	海蜇
Ostra	牡蛎
Pescado	鱼
Pulpo	章鱼
Sal	盐
Tiburón	鲨鱼
Tormenta	风暴
Tortuga	乌龟

Paisajes
景观

Cascada	瀑布
Cueva	洞穴
Desierto	沙漠
Estuario	河口
Géiser	间歇泉
Glaciar	冰川
Iceberg	冰山
Isla	岛
Lago	湖
Laguna	泻湖
Mar	海
Montaña	山
Oasis	绿洲
Pantano	沼泽
Península	半岛
Playa	海滩
Río	河
Tundra	苔原
Valle	山谷
Volcán	火山

Países #1
国家 #1

Alemania	德国
Argentina	阿根廷
Bélgica	比利时
Brasil	巴西
Canadá	加拿大
Ecuador	厄瓜多尔
Egipto	埃及
España	西班牙
Filipinas	菲律宾
Honduras	洪都拉斯
India	印度
Italia	意大利
Libia	利比亚
Malí	马里
Marruecos	摩洛哥
Nicaragua	尼加拉瓜
Noruega	挪威
Panamá	巴拿马
Polonia	波兰
Venezuela	委内瑞拉

Países #2
国家 #2

Albania	阿尔巴尼亚
Australia	澳大利亚
Austria	奥地利
Dinamarca	丹麦
Etiopía	埃塞俄比亚
Francia	法国
Grecia	希腊
Indonesia	印度尼西亚
Irlanda	爱尔兰
Jamaica	牙买加
Japón	日本
Laos	老挝
México	墨西哥
Pakistán	巴基斯坦
Portugal	葡萄牙
Rusia	俄罗斯
Siria	叙利亚
Sudán	苏丹
Ucrania	乌克兰
Uganda	乌干达

Pájaros
鸟类

Avestruz	鸵鸟
Águila	鹰
Canario	金丝雀
Cigüeña	鹳
Cisne	天鹅
Cuco	杜鹃
Cuervo	乌鸦
Flamenco	火烈鸟
Ganso	鹅
Garza	苍鹭
Gaviota	鸥
Gorrión	麻雀
Huevo	蛋
Loro	鹦鹉
Paloma	鸽子
Pato	鸭
Pelícano	鹈鹕
Pingüino	企鹅
Pollo	鸡
Tucán	巨嘴鸟

Plantas
植物

Arbusto	灌木
Árbol	树
Bambú	竹子
Baya	浆果
Bosque	森林
Botánica	植物学
Cactus	仙人掌
Fertilizante	肥料
Flor	花
Flora	植物
Follaje	树叶
Frijol	豆
Hiedra	常春藤
Hierba	草
Hoja	叶
Jardín	花园
Musgo	苔藓
Pétalo	花瓣
Raíz	根
Vegetación	植被

Profesiones #1
职业 #1

Abogado	律师
Astrónomo	天文学家
Atleta	运动员
Bailarín	舞蹈家
Banquero	银行家
Bombero	消防队员
Cartógrafo	制图师
Cazador	猎人
Doctor	医生
Editor	编辑
Embajador	大使
Enfermera	护士
Entrenador	教练
Fontanero	水管工
Geólogo	地质学家
Joyero	珠宝商
Músico	音乐家
Pianista	钢琴家
Psicólogo	心理学家
Veterinario	兽医

Profesiones #2
职业 #2

Astronauta	宇航员
Bibliotecario	图书管理员
Biólogo	生物学家
Cirujano	外科医生
Dentista	牙医
Detective	侦探
Filósofo	哲学家
Fotógrafo	摄影师
Ilustrador	插画家
Ingeniero	工程师
Inventor	发明者
Investigador	研究员
Jardinero	园丁
Lingüista	语言学家
Médico	医生
Periodista	记者
Piloto	飞行员
Pintor	画家
Profesor	老师
Zoólogo	动物学家

Psicología
心理学

Clínico	临床
Cognición	认识
Comportamiento	行为
Conflicto	冲突
Ego	自我
Emociones	情绪
Evaluación	评估
Experiencias	经验
Ideas	想法
Inconsciente	无意识
Infancia	童年
Influencias	影响
Percepción	感知
Personalidad	个性
Problema	问题
Realidad	现实
Sensación	感觉
Subconsciente	潜意识
Sueños	梦想
Terapia	治疗

Química
化学

Alcalino	碱性
Ácido	酸
Calor	热
Carbono	碳
Catalizador	催化剂
Cloro	氯
Electrón	电子
Enzima	酶
Gas	气体
Hidrógeno	氢
Ion	离子
Líquido	液体
Metales	金属
Molécula	分子
Nuclear	核
Oxígeno	氧
Peso	重量
Reacción	反应
Sal	盐
Temperatura	温度

Restaurante #2
餐厅 #2

Agua	水
Almuerzo	午餐
Aperitivo	开胃菜
Bebida	饮料
Camarero	服务员
Cena	晚餐
Cuchara	勺子
Delicioso	美味
Ensalada	沙拉
Especias	香料
Fruta	水果
Hielo	冰
Huevos	蛋
Pastel	蛋糕
Pescado	鱼
Sal	盐
Silla	椅子
Sopa	汤
Tenedor	叉子
Verduras	蔬菜

Ropa
衣服

Abrigo	外套
Bufanda	围巾
Calcetines	袜子
Camisa	衬衫
Chaqueta	夹克
Cinturón	带
Collar	项链
Delantal	围裙
Falda	短裙
Guantes	手套
Joyas	珠宝
Moda	时尚
Pantalones	裤子
Pijama	睡衣
Pulsera	手镯
Sandalias	凉鞋
Sombrero	帽子
Suéter	毛衣
Vestido	连衣裙
Zapato	鞋

Salud y Bienestar #1
健康和保健 #1

Altura	高度
Bacterias	细菌
Clínica	诊所
Doctor	医生
Farmacia	药店
Fractura	断裂
Hambre	饥饿
Hábito	习惯
Hormonas	激素
Huesos	骨头
Medicina	药
Músculos	肌肉
Nervios	神经
Piel	皮肤
Postura	姿势
Reflejo	反射
Relajación	放松
Suplementos	补充剂
Tratamiento	治疗
Virus	病毒

Salud y Bienestar #2
健康和保健 #2

Alergia	过敏
Anatomía	解剖学
Apetito	食欲
Caloría	卡路里
Dieta	饮食
Digestión	消化
Energía	能源
Enfermedad	疾病
Estrés	压力
Genética	遗传学
Higiene	卫生
Hospital	医院
Infección	感染
Masaje	按摩
Nutrición	营养
Peso	重量
Recuperación	恢复
Saludable	健康
Sangre	血
Vitamina	维生素

Selva Tropical
雨林

Anfibios	两栖动物
Botánico	植物
Clima	气候
Comunidad	社区
Diversidad	多样性
Especie	物种
Insectos	昆虫
Mamíferos	哺乳动物
Musgo	苔藓
Naturaleza	大自然
Nubes	云
Pájaros	鸟类
Preservación	保存
Refugio	避难所
Respeto	尊重
Restauración	恢复
Selva	丛林
Supervivencia	生存
Valioso	有价值的

Senderismo
徒步

Acantilado	悬崖
Agua	水
Animales	动物
Botas	靴子
Camping	露营
Cansado	累
Clima	气候
Cumbre	峰会
Guías	指南
Mapa	地图
Montaña	山
Mosquitos	蚊子
Naturaleza	大自然
Orientación	方向
Parques	公园
Pesado	重
Piedras	石头
Preparación	准备
Salvaje	荒野
Sol	太阳

Suministros de Arte
美术用品

Aceite	油
Acrílico	丙烯酸纤维
Acuarelas	水彩
Agua	水
Arcilla	黏土
Borrador	橡皮
Caballete	画架
Cámara	照相机
Cepillos	刷子
Colores	颜色
Creatividad	创造力
Ideas	想法
Lápices	铅笔
Mesa	桌子
Papel	纸
Pasteles	粉彩
Pegamento	胶水
Pinturas	油漆
Silla	椅子
Tinta	墨水

Tecnología
技术

Archivo	文件
Blog	博客
Bytes	字节
Cámara	照相机
Cursor	光标
Datos	数据
Digital	数字
Estadísticas	统计数据
Fuente	字体
Internet	互联网
Investigación	研究
Mensaje	信息
Navegador	浏览器
Ordenador	电脑
Pantalla	屏幕
Seguridad	安全
Software	软件
Virtual	虚拟
Virus	病毒

Tiempo
時間

Ahora	现在
Antes	以前
Anual	每年
Año	年
Ayer	昨天
Calendario	日历
Década	十年
Día	日
Futuro	未来
Hora	小时
Hoy	今天
Mañana	早晨
Mediodía	中午
Mes	月
Minuto	分钟
Momento	时刻
Noche	晚上
Reloj	时钟
Semana	周
Siglo	世纪

Tipos de Cabello
头发类型

Blanco	白色
Brillante	闪亮的
Cabelludo	头皮
Calvo	秃
Corto	短
Delgada	薄
Gris	灰色
Grueso	厚
Largo	长
Marrón	棕色
Negro	黑色
Plata	银
Rizado	卷曲
Rizos	卷发
Rubio	金发
Saludable	健康
Seco	干
Suave	柔软的
Trenzado	编织
Trenzas	辫子

Universo
宇宙

Asteroide	小行星
Astronomía	天文学
Astrónomo	天文学家
Atmósfera	大气层
Celestial	天体
Cielo	天空
Cósmico	宇宙
Ecuador	赤道
Galaxia	星系
Hemisferio	半球
Horizonte	地平线
Latitud	纬度
Longitud	经度
Luna	月亮
Oscuridad	黑暗
Órbita	轨道
Solar	太阳的
Solsticio	冬至
Telescopio	望远镜
Visible	可见

Vacaciones #2
假期 #2

Aeropuerto	机场
Camping	露营
Carpa	帐篷
Destino	目的地
Extranjero	外国人
Fotos	照片
Hotel	酒店
Isla	岛
Mapa	地图
Mar	海
Ocio	暇
Pasaporte	护照
Playa	海滩
Restaurante	餐厅
Taxi	出租车
Transporte	运输
Tren	火车
Vacaciones	假期
Viaje	旅程
Visa	签证

Vehículos
车辆

Ambulancia	救护车
Autobús	总线
Avión	飞机
Balsa	筏
Barco	船
Bicicleta	自行车
Camión	卡车
Caravana	大篷车
Coche	汽车
Cohete	火箭
Ferry	渡轮
Furgoneta	货车
Helicóptero	直升机
Metro	地铁
Motor	马达
Neumáticos	轮胎
Submarino	潜艇
Taxi	出租车
Tractor	拖拉机
Tren	火车

Verduras
蔬菜

Ajo	大蒜
Alcachofa	朝鲜蓟
Apio	芹菜
Berenjena	茄子
Brócoli	西兰花
Calabaza	南瓜
Cebolla	洋葱
Ensalada	沙拉
Espinacas	菠菜
Guisante	豌豆
Jengibre	姜
Nabo	芜菁
Oliva	橄榄
Patata	土豆
Pepino	黄瓜
Perejil	香菜
Rábano	萝卜
Seta	蘑菇
Tomate	番茄
Zanahoria	胡萝卜

Enhorabuena

Lo has conseguido!

Esperamos que hayas disfrutado de este libro tanto como nosotros al diseñarlo. Nos esforzamos por crear libros de la máxima calidad posible.
Esta edición está diseñada para proporcionar un aprendizaje inteligente, de calidad y divertido!

¿Te ha gustado este libro?

Una Petición Sencilla

Estos libros existen gracias a las reseñas que se publican.
¿Podrías ayudarnos dejando una reseña ahora?
Aquí tienes un breve enlace a la página de reseñas

BestBooksActivity.com/Opiniones50

¡DESAFÍO FINAL!

Reto n°1

¿Estás listo para tu juego gratis? Los utilizamos siempre, pero no son tan fáciles de encontrar. ¡Aquí están los **Sinónimos!**

Escribe 5 palabras que hayas encontrado en los rompecabezas (#21, #36, #76) y trata de encontrar 2 sinónimos para cada palabra.

Escriba 5 palabras del **Puzzle 21**

Palabras	Sinónimo 1	Sinónimo 2

Escriba 5 palabras del **Puzzle 36**

Palabras	Sinónimo 1	Sinónimo 2

Escriba 5 palabras del **Puzzle 76**

Palabras	Sinónimo 1	Sinónimo 2

Reto n°2

Ahora que te has calentado, escribe 5 palabras que hayas encontrado en los Puzzles 9, 17 y 25 e intenta encontrar 2 antónimos para cada palabra. ¿Cuántos puedes encontrar en 20 minutos?

Escriba 5 palabras del **Puzzle 9**

Palabras	Antónimo 1	Antónimo 2

Escriba 5 palabras del **Puzzle 17**

Palabras	Antónimo 1	Antónimo 2

Escriba 5 palabras del **Puzzle 25**

Palabras	Antónimo 1	Antónimo 2

Reto n°3

¡Genial! Este desafío final no es nada para ti.

¿Preparado para el reto final? Elige 10 palabras que hayas descubierto en los diferentes rompecabezas y escríbelas a continuación.

1.	6.
2.	7.
3.	8.
4.	9.
5.	10.

Ahora escribe un texto pensando en una persona, un animal o un lugar que te guste.

Puedes usar la última página de este libro como borrador.

Tu Composición:

CUADERNO DE NOTAS :

HASTA PRONTO !

Todo el Equipo

DESCUBRA JUEGOS GRATIS

GO

↓

BESTACTIVITYBOOKS.COM/FREEGAMES